核心素养
与
学习的变革

常生龙 著

目录 Contents

自 序 /1

第一辑　重新认识素养

- 素养的前世今生 /9
- 夯实人生根基的基础素养 /15
- 应对新时代各种挑战的核心素养 /23
- 万物互联时代的职业素养 /34

第二辑　能力才是学习的目的

- 完成任务最重要的心理条件 /43
- 利用合作提升战斗力 /57
- 不舒服的地方才有创新的机会 /71
- 思想和认识发展的破冰船 /84

第三辑　锻造必备品格

- 在有限的时间里做最有价值的事情 / 93
- 管理自我，从做心性坚定的人开始 / 101
- 所谓公德心，就是时刻替别人着想 / 115
- 责任面前，不做置身事外的旁观者 / 124

第四辑　让个性化学习成为新常态

- 教育处在新变革的转折点上 / 137
- 更新学习观念，促进行为变革 / 141
- 丰富学习方式，让学习更具有挑战性 / 158
- 融入教育领域的智能革命 / 173
- 让深度学习真正发生 / 189

后　记 / 198

自　序

进入21世纪的人类，越来越清晰地感受到信息技术给整个社会带来的影响。智能穿戴设备的横空出世，让人们在随时随地便捷获取海量信息的同时，也在重塑社会的交往方式，生活和学习习惯也在悄然发生变革。人工智能的异军突起，让人类在不经意间突然发现，不仅很多重复性的常规工作正在逐渐被计算机取代，就连像下围棋这样的脑力活动，计算机也能够横扫世界顶级围棋高手。

人工智能和大数据的应用，不仅会成为新变革的起点，而且将对现代教育产生重要且深刻的影响。首先，它对学生的学习能力提出了新要求。今天的学生要在未来日新月异的社会里生存，就必须从事计算机不能代劳和胜任的复杂工作，必须发展计算机不具备的复杂能力，必须具备原本专家才有的思维方式以及在复杂情境中交往的能力。这些新的能力要求，是此前的教育中从未出现过的或在学生时代不要求的。其次，学习方式、学习模式将会发生大的改变。学校的形态和结构会发生很大变化，会成为新型的学习中心。人们将利用 5G 技术背景下获取教育资源的便利性、即时性和共享性等特点，打造时时可学、处处能学的个性化学习空间，整合社会、家庭和学校等多元化的教育资源，共同促进学生的健康成长。班级授课制的教学组织形式将不再是主流，个性化学习、在实践中学习和挑战性学习将成为主要的学习方式。再次，学生对职业的准备也有新的变化。过去我们强调要激发学生的学习兴趣，从中找寻学生感兴趣的领域加以培养，以便为学生将来走向社会的职业选择奠定扎实的基础。但科学技术的飞速发展不仅带来了产品的快速创新，更促进了新的职业如雨后春笋般出现。现在教育不仅要为创新驱动的职业做好准备，还要为尚未诞生的职业做好准备。

为了应对这些新的变化和要求，世界各国和国际组织纷纷行动起来，研究探讨该采取哪些举措，通过哪些改变才能更好地让今天的教育为未来的社会发展奠基。启动最早的是经济合作与发展组织（OECD），该组织在 1997 年末启动 "素养界定与选择：理论与概念基础" 的研究项目，为同年启动的国际学生评估项目（PISA）提供了理论基础和评价框架，并于 2003 年发表了最终成果报告《为了成功人生和健全社会的核心素养》，构建起 OECD 核心素养的基本框架。[①] 很快，"核心素养" 这一概念得到了世界各国的广泛认可，成为各个国家和国际组织调整教育政策、开始教育实践、推进教育研究的重要议题。各个国家纷纷构建起具有国际视野、体现本国特色的核心素养框架体系。我国也于 2016 年 9 月发布了《中国学生发展核心素养》的框架体系和内涵，随后分学段进行学科课程标准和教

---

① 张华. 论核心素养的内涵 [J]. 全球教育展望，2016（4）：13.

材的修订工作,以使我国的课程标准和学科教材能够跟上时代发展的需要,促进学校从教育管理向教育治理转型,促进教师尽快转变教育观念,高质量地做好学生成长的引路人、陪伴者和导师。

OECD对核心素养的界定是,"使个人在21世纪能够成功生活、能够适应并促进社会进步的为数不多的关键素养"[1]。从这个定义我们不难看出,OECD提出核心素养的目的,不是解决教育中的所有问题,而是着重解决21世纪的教育要重点发展什么的问题。

虽然各国都关注学生核心素养的培育,但因为各自所处的教育现状不同,文化理念上存在差异,各国拟定的核心素养的具体内容还是有些差异的。荷兰学者沃格特(Joke Voogt)等人对世界上比较著名的八个核心素养框架做了比较分析后,得出以下结论。

第一,所有框架共同倡导的核心素养有四个,分别是:协作,交往,信息通信技术素养,社会和(或)文化技能、公民素养。第二,在各个核心素养框架中,还有另外四个核心素养虽然没有得到所有国家的共同认可,但大多数国家都认为这些很重要,它们是创造性、批判性思维、问题解决和开发高质量产品的能力。[2]

"创新是一个民族进步的灵魂,是一个国家兴旺发达的不竭动力。"相信这句话大家都耳熟能详。要在这个日新月异的世界生存,就不能墨守成规、坐享其成,必须始终保持创造的活力,不断有新的发现和发明,勇于创造新事物。不过,21世纪的发明和创造与工业革命时期相比有很大不同,像牛顿、胡克等靠单打独斗做研究和发明的历史已经一去不复返了,必须通过团队的相互配合,甚至是

---

[1] 蔡清田.核心素养与课程设计[M].北京:北京师范大学出版社,2018:序1.
[2] 张华.论核心素养的内涵[J].全球教育展望,2016(4):17-18.

多学科、多领域，以及人和机器的充分协作，才有可能推动科学的发展、社会的进步。因此，世界各国普遍意识到，在未来社会里，协作是非常重要的核心素养。

人是群体性动物，学会控制自己的情绪，善于和他人建立良好的关系，是在这个群体中生存的法宝。团队协作更是需要成员之间愿景一致、坦诚交流。但随着信息技术的突飞猛进，很多人把相当多的时间和精力沉浸在虚拟的世界里，与现实生活脱节，与他人的交往能力有逐步萎缩的趋势。对这些问题如果不重视并加以解决，人最终将会被自己毁灭。各国均将"交往"作为核心素养来培育，其意义就在于此。

美国教育考试中心将"信息通信技术素养"定义为：适应信息社会的要求，能恰当地运用数字技术、通信工具和网络来解决信息问题的能力。它包括将技术作为工具来调查信息、组织信息、评估信息和传递信息的能力，以及在获取和使用信息时，对有关的伦理道德和法律方面的问题有基本的理解。简单地说，能否在网络上找到需要的信息，能否运用信息技术完成自己的学习或工作任务等，都从不同的侧面体现一个人的信息通信技术素养。

社会技能是社会适应能力的重要组成部分。社会适应能力是指个人为与社会取得和谐的关系而进行的心理上、生理上以及行为上的各种适应性改变的能力，以及在特定社会环境中分辨行为适宜与否的能力。公民素养是指公民的品质和道德，涵盖了公民的道德、情操、言行举止、主体意识、文化底蕴、奉献精神、法律法规意识、社会公德意识及自我约束意识等。在这个瞬息万变的社会里，只有具备高强社会技能，有着良好公民素养的人，才能够勇立潮头。

创新型人才的培养，是21世纪世界各国教育改革的主旋律。创造性是人作为有理性、能思维的动物的本质体现，是个人发展与国家发展，以及提升国际竞争力的重要素养。批判性思维是审慎地判断是非和正确决策的能力，是集知识、价值和思维方法于一体的综合能力和品格。它不仅是一种重要的品质，也是核心素养的基础。著名科学哲学家波普尔（Karl Popper）指出，科学与知识的增长永远始于问题，终于问题——愈来愈深化的问题，愈来愈能启发大量新问题的问题。问题是构成学习和研究活动的核心因素，是推进科学前进的内在动因。学习者如何恰当地提出问题，并成功地促进问题解决，不仅体现学习者的学习能力，更体现创造性的思维品质。人开发高质量的产品，体现的是人对知识的活学活用，对新技术的熟练掌握，对复杂问题的优化处理，对学习成果的创新表达。

从上述这些共识出发，再来研究我们自己的核心素养框架以及当下课程教学改革的方向和路径，改革的抓手和突破点就会更加明晰。

本书的第一辑，探讨了素养这一概念在教育领域的演变历程，并将素养分为基础素养、核心素养和职业素养三类，逐一进行了讨论。我们常说"基础不牢，地动山摇"，基础素养担负着为人的一生成长奠基的重任，在素养体系中发挥着重要作用。核心素养是本书讨论的重心，在这一部分，重点介绍核心素养的基本特点，更多的内容在后面几辑中陆续展开。将职业素养单独作为一种类型，是考虑到这类素养是每个走上社会的人都必须具备的，但因为人们从事的职业不同又有鲜明区别，它既不具有基础素养的普适性，又缺少一些核心素养的关键特征。

本书的第二辑，集中讨论关键能力。我国的上位文件对关键能力有明确的界定，包括认知能力、合作能力、创新能力和职业能力等，我写作这一部分时的依据就在于此。文件中提到的职业能力已经被我归入职业素养的范畴，文件中没有提到但非常重要的批判性思维能力，在这里单独列出一节予以讨论。这几种关键能力既是我们在平时教与学的过程中比较欠缺的，也是学生适应未来社会必须具备的。

本书的第三辑，对必备品格做了解读。虽然各方都认识到必备品格的重要性，但真正要对必备品格做出界定并给出相关的维度还是有一些难度的。在本辑中，我从人与自我的关系、人与他人的关系、人与社会以及事物的关系的角度，对协调这些关系需要具备的品格特质做了讨论。我深信，人的必备品格一定不止书中罗列的这些；书中所述的或许还不全是最为重要的必备品格；在具体学习和工作的过程中，必备品格更多是以综合的方式呈现出来的，很难将其归为某种类型。但我深信，这样的分析和讨论是很有必要的，随着更多的人参与其中，发表真知灼见，我们对必备品格的认识也会越来越清晰。

本书的第四辑，讨论了学校如何实施核心素养培育的问题。从我自己从事教育工作的切身体会来看，观念的转变是至关重要的。人的一切行为都受观念的支配。如果不能切实转变育人观念，再多的措施都可能会走样。我一直不太赞同"转变学习方式"这样的提法，我觉得现在的问题是学习方式太单一了，不能适应多元化的学习和生活的需要，要丰富学习的方式。同时，本辑还对人与技术的关系，以及在这样的关系下的深度学习做了讨论。

因为个人水平有限，对一些概念的理解可能不是很到位，在文本的表述上或许有不确切甚至谬误之处，恳请各位读者批评指正。

第一辑
重新认识素养

素养的前世今生

夯实人生根基的基础素养

应对新时代各种挑战的核心素养

万物互联时代的职业素养

——

从"地心说""日心说"到"大爆炸"理论，我们对宇宙的认识在不断深化。观念的更新会带来思想的变革。素养同样如此，也是随着人们认识的持续深入而不断被赋予深刻的内涵，并引发了教育理念以及课程教学的变革。

核心素养是素养的组成部分之一，虽然为数不多，但对21世纪的人来说却至关重要。那么，素养的概念是如何演变的？素养可以分为哪几类？核心素养又有怎样的本质特征呢？本辑就是围绕这些问题展开讨论的。

——

素养的前世今生

我国虽然很早就有素养的概念，但"素养"一词运用到教育领域，则是与英文单词 literacy 相对应的翻译，该单词直译过来是"识字，有读写能力"的意思。

据《牛津英语词典》，率先使用"素养"一词的是 1883 年马萨诸塞州教育委员会发行的教育杂志《新英格兰教育杂志》。[①] 当时，"素养"这一术语是伴随公立学校的整顿而问世的，意指学校教育传授的通用知识和技能。

德国是西方各国中政府最早从教会手中夺得教育权的国家，19 世纪中期俾斯麦执政后，规定儿童 6 岁入学，14 岁结业。初等教育是强迫实施的义务教育。英国 1870 年《初等教育法》中规定："国家继续拨款补助教育，并在缺少学校的地区设置公立学校。"法国 19 世纪的《费里教育法》中更是明确规定："儿童 6 岁入学至 13 岁，接受初等义务教育，免费。"日本 1872 年颁布的《学制令》规定：儿童必须接受八年制的普及义务教育。从上述事例可以看出，近代世界上许多国家都将初等义务教育的普遍实施，看作国家的责任，并把它当作事关国家前途和民族存亡的大事来抓。

---

① 王帆，张舒予. 从教育视角解析媒介素养与信息素养 [J]. 电化教育研究，2007 (3)：35.

总体上看，到19世纪80年代，世界上诸多国家的教育体制发生了变化，社会需要对教育提出了挑战，许多国家通过立法等多种途径直接领导教育，公共教育体系逐渐普及，读、写、算成为学校必须教授的基础内容。具备读写算能力的人，自然就是具有一定素养的人，literacy的"识字，有读写能力"的解释也就在情理之中了。

到19世纪末20世纪初，几个先进的资本主义国家先后完成了第二次工业革命。但伴随科技发展、社会进步而来的，是各种各样的社会问题。为此，这些国家相继开展社会改革，教育改革就是其中最为重要的一环。第二次工业革命带来的以现代科学技术为基础的现代大机器生产，要求广大劳动者懂得科学技术，通晓生产原理，掌握现代生产的知识和技能。这样的劳动者，文化素质是基础，生产技术素质是条件，只靠过去脱离生产的教育或是没有教育的生产过程是很难加以培养的，学校教育只有同生产劳动紧密结合，才能培养大批熟练工人、技术人员和管理者。

由第二次工业革命催生的现代教育，具备以下几个方面的特征：一是明确教育的目的是培养全面发展的现代人；二是强调教育必须与生产劳动相结合，与现代生产和国民经济发展的要求相适应，反映生产的要求；三是明确科学教育必须和人文教育相统一，科学精神必须和人文精神相统一，以培养出德才兼备、全面发展的人；四是世界各国普遍把教育看作本国经济、政治、军事和社会发展的战略重点，增加教育经费，延长义务教育年限，加强职业技术教育，开展成人继续教育，进行一系列的教育改革，教育日趋大众化、民主化；五是教育手段革新的步伐越来越快；六是教育理论探索的自觉性越来越高，教育呈现出整体性、开放性和多元性等诸多特点。

伴随着现代教育而来的，是对人的素养的重新认识。具备读写能力的人是有素养的人的要求显然已经落后于时代的发展，与机器化大生产相关的"功能性素养"的要求相继被提炼了出来。比如，当时的赫胥黎（Thomas Huxley）就提出了这样的问题：个体要成为有教养的社会的一员，必须拥有什么样的科学知识？他由此提出要将科学素养作为普通或者人文教育的基础部分。杜威（John Dewey）在20世纪30年代也提出，为了使个体能够对与科学相关的素材进行阅读、理解、表达观念以及参与和科学相关的日常活动，需要在教育中重视科学素养这一功能性素养。此后，与个体健康相关的心理素养、交际素养、合作素养和行为素养等陆续被纳入教育领域；与个体生存相关的阅读素养、技术素养、信息素养、审美素养、媒体素养和金融素养等也逐渐在教育领域受到关注；与社会发展相关的政治素养、生态素养、道德素养和法治素养，以及与职业相关的服务素养、质量素养和实践素养等也慢慢成为人们回头看教育质量的着力点。

从工业社会进入信息社会后，社会经济结构、文化形态和价值观念等都发生了深刻变化，人们的思想观念、生产方式和生活方式也随之产生全新的变化，在变化的过程中产生的各种矛盾更加尖锐和突出，需要进一步通过社会变革来让整个社会进入新的轨道之中。面对日益多元化、小型化和个性化的社会趋势，面对不断加快变化的世界和充满不确定性的未来，传统的学习和思维模式已难以为继。人需要有新的素质、新的认知方式、新的思维方式，自然也需要有新的教育方式。许多国家越来越清晰地认识到，把教育目标单纯地归结为促进劳动力的成长有很大的片面性，需要从未来社会的"社会形象"出发去界定一个社会人应该具备的素养是什么。

巴西的弗莱雷（Paulo Freire）是对现代教育存在的问题做深刻反思的教育家之一。他认为，每一种教育制度都在通过某种特定的方式转化接受教育的人，让他们被动地接受被压迫的命运，并将其看成自然的和必要的。预先确定的大量的信息和现成的学习方案限制了学生对世界的好奇心,整个教育制度掠夺了学生进行自我思考和自我行动的职责。这种教育固化了统治阶级与被统治阶级之间的关系,形成了有助于统治阶级利益的价值再生产。弗莱雷认为,只有当一个学习者为了改变世界而主动融入世界的时候,批判意识才会出现。所以,他倡导必须借助教育,使受压迫、受贬低的被压迫者能够批判性地直面自身所处的社会现实,争取自身的解放与社会的变革。这样的素养称为"批判性素养"。[①] 他一生都在为被压迫者的解放而奋斗,从事能提高批判性思维能力的教育的推动工作。美国学者琼·温克(Joan Wink)则在《批判教育学:来自真实世界的笔记》一书中提醒我们:"'批判'不仅意味着'批评',批判还意味着能透过表面看到深处——思考、批评或分析。"[②] 强调批判虽然带有批评的意蕴,但不仅仅是批评,更多的是思考与分析,是自我审视和自我舍弃,是通过对表面现象的思考与分析来探究原因。

在功能性素养的基础上凸显批判性素养,成了信息时代特别是人工智能时代教育改革努力追求的教育愿景。2015年11月4日,联合国教科文组织在巴黎总部通过并发布了《教育2030行动框架》。该框架明确提出,未来的教育要确保全纳、公平、有质量的教育,增进全民终身学习机会;确保所有人打下扎实的知识基础,发展创造性及批判性思维和协作能力,培养好奇心、勇气及毅力。由此可知,批判性思维作为人的重要素养之一已经成为各国教育的共识。2019年2月颁布的

---

① 钟启泉.学科教学的发展及其课题:把握"学科素养"的一个视角[J].全球教育展望,2017(1):13-14.
② 温克.批判教育学:来自真实世界的笔记[M].路旦俊,译.长沙:湖南教育出版社,2008:1.

《中国教育现代化 2035》，也是在上述框架的基础上，结合我国教育实际编制的未来十五年教育发展规划。

由上述讨论可知，基础教育领域"素养"这一概念从提出到现在，至少经历了三次比较重大的内涵演变。威利斯（A. I. Willis）为此归纳了"素养"概念演进的这三个历史发展阶段：（1）素养即技能；（2）素养即学校里传授的知识素养；（3）素养即社会文化的创造。① 在第一个阶段，教育的主要目的是培养学生具备初步的读写能力，具备读写技能的人就是有素养的人；在第二个阶段，依据社会发展的需求，在听说读写这些基本技能的基础上，着力培养学生的科学素养、阅读素养、数学素养和信息素养等各类专门的功能性素养，让学生掌握与之相关的知识和技能，以适应社会发展的需要；在第三个阶段，进一步认识到素养是社会文化、教育、人的心灵的互动和建构过程，学生仅仅通过学校学习被动地掌握相关的功能性素养还不够，还要主动置身于社会进步、民族复兴与文化繁荣的实践之中，与巨变的社会同频共振，在其中着力发展自身的批判性素养，培养创新能力。联合国教科文组织对素养的解释是：素养不仅是阅读和写作，还关乎我们在社会中如何进行沟通，以及与知识、语言和文化这三者相同的社会实践和社会关系。这一解释更加清晰地说明了素养即"社会文化的创造"这一内涵。

有关素养的分类，目前还没有统一的标准。我个人以为，素养大体可以分为三类：一是基础素养，这是所有人都应该具备的共同素养，如基本的读写算能力，遵守交通规则，不随地吐痰，不乱丢垃圾和尊老爱幼等；二是核心素养，这是共同素养中的高级素养，人只有具备了

---

① 钟启泉.学科教学的发展及其课题：把握"学科素养"的一个视角[J].全球教育展望，2017（1）：13-14.

这些高级素养，才能够更好地应对 21 世纪的各种挑战；三是职业素养，也就是从事具体职业必须具备的专门素养，比如医生、律师、工程师、数据分析师等就具有不同的职业要求，需要的职业素养也是不同的。对一个人来说，这三类素养必不可少，三者相辅相成，共同构建出一个人完整的素养体系，促使个体成长为全面发展的人。

夯实人生根基的基础素养

从教育的视角看,素养是个体通过教育(包括正规教育和非正规教育)获得的能够学以致用的知识、能力和态度的综合体现。其中,相当一部分素养属于基础素养。个体的基础素养主要由以下几个方面组成。

身体素养

2019年8月,国务院办公厅印发的《体育强国建设纲要》提出,"将促进青少年提高身体素养和养成健康生活方式作为学校体育教育的重要内容",并把"人民身体素养和健康水平、体育综合实力和国际影响力居于世界前列"作为全面建成社会主义现代化体育强国的战略目标。

早在1938年,美国的《健康与体育教育杂志》刊登的文章就提出,公立学校应对学生的身体素养和心理素养负责。1993年,贝福德郡大学的访学教授玛格丽特·怀特黑德(Margaret Whitehead)从教育的视角对"身体素养"做了开拓性的阐述,赋予了这一概念全新的内涵,很多西方国家开始付诸实践。身体素养不仅包括人的生理和心理基础、体能认知与运动能力,还包括对身体的认知、态度以及非运动性的身体活动能力等。身体素养基于具身认知观,紧扣人与生活的关系应运而生,赋予身体活动以新的意义,对推动体育实践、体育观念和制度层面的改革与发展都将起到重要的作用。

道德素养

道德素养是个体具有的品德的整体体现，是个体道德认识和道德行为水平的综合反映。其核心是个体与他人、与集体、与社会的关系问题。

人的道德素养通常可以从以下几个维度辨别出来。一是群体意识。包括热爱家乡，热爱祖国，积极投身促进祖国繁荣富强的伟大实践，自觉遵守社会公德和法律法规，主动维护集体和社会的利益不受侵犯，不做有损群众利益的事情，敢于与不良行为作斗争等。二是责任观念。即个体对自己应履行义务的强烈责任心。小到对自己、家庭，大到对集体、社会、祖国，能否认真地履行自己的责任和义务，这是衡量个体道德水平的重要的试金石。三是献身精神。包括执着于事业，在危难时刻挺身而出，心中有大爱等。这些行为体现出的就是对他人的奉献精神，是一种无私的精神。四是爱人思想。包括能设身处地换位思考，在他人遇到困难的时候主动伸出援手，积极参加志愿者行动，通过力所能及的方式为他人分忧解难等。五是诚信原则。包括待人真诚，信守承诺，努力构建人与人之间相互信任的良性关系，积极营造诚实守信的社会氛围。

人的道德素养的提升，主要通过两个途径来实现：一是言传身教，通过学校、家庭和社会教育以及榜样的力量共同营造良好的育人氛围；二是个体的自我反省，通过一日"三省吾身"，培养独立思考能力、敬畏感和鲜明的是非观，实现自我约束、自我提升。

上海的"七不"规范

在日常生活中,素养体现在对社会公德和行为规范的遵守上。上海人都知道城市生活的"七不"规范,这是1995年上海市文明委倡导的,包括"不随地吐痰,不乱扔垃圾,不损坏公物,不破坏绿化,不乱穿马路,不在公共场所吸烟,不说粗话脏话"等。在全体市民持之以恒的努力下,自觉遵守"七不"规范逐渐成了上海市民的基本素养,成了大家的生活习惯。2017年,新的"七不"规范出台,包括"马路不乱穿,车辆不乱停,垃圾不乱扔,宠物不扰邻,餐食不浪费,言语不喧哗,守序不插队"等。它体现了上海市对市民素养的要求与时俱进的特点,也是社会文明进步的标志。

智力素养

人的听说读写能力、各种功能性素养等,都是智力素养的重要组成部分,大都属于人的基础素养。

对一个学习者来说,听说读写是最为基础的素养,但也并不容易获得。就拿"听"来说,首先,你要学会倾听,懂得尊重发言者;其次,你要听清楚对方发出的语音;再次,你要理解对方表达的信息,并在头脑中将语言转化为意义。从小学到大学,大多数人主要是通过课堂倾听来学习的,但不少学生在整个学习阶段并没有接受过如何倾听的专题训练,让学生在倾听中学会倾听的实践还很不够。

如果说"听"是理解口语的重要渠道,"说"则是运用口语的主要方式。把一件事情有条不紊地说清楚,不让对方产生误解,既体现了说者对该事情的理解和认识，也反映出说者自身的思维方式以及对逻辑的运用。在平时的生活和工作中，人总少不了要与他人沟通和交流，而沟通和交流的主要途径就是说。那些说话时语言流畅、思路清晰的人，总给人干练、聪慧等印象；而那些说起话来结结巴巴、词不达意的人，甫一张口就会让对方感到紧张和焦虑。

相比较之下，人们对"读"的重视程度明显要比"说"高很多，阅读素养作为一种功能性素养，更是被诸多国家重视。PISA将阅读素养定义为学生为实现个人目标、发展个人知识和潜能及参与社会活动，而理解、运用和反思书面材料的能力。[1]国际教育成就评价协会有专门的国际阅读素养进展研究项目，该项目对阅读素养的定义为：理解和运用社会需要的或个人认为有价值的书面语言形式的能力，儿童阅读者能够从各种文章中建构意义，他们通过阅读来学习，参与阅读者群体，并进行娱乐。[2]尽管不同的测评组织对阅读素养的界定有所区别，但其核心都是一致的，都突出了阅读素养的三个核心要素：一是阅读是需要广泛调动阅读者的元认知和认知能力的活动，以形成对阅读文本不同层次的理解；二是一个具有阅读素养的人，应该能够阅读不同类型、不同体裁的文本，包括连续性文本和非连续性文本；三是能通过阅读获得文本中的观点等信息，并恰当地使用这些信息，以此来满足特定的需求。

---

[1][2] 张颖. 国际阅读测试项目的设计思路及操作技术：兼谈其对中国阅读测试的启示[J]. 首都师范大学学报（社会科学版），2007（2）：145.

汉字"集"的教学

许多汉字在演变的过程中,意义发生了很大变化,对汉字的理解也是一个不断学习、不断深化的过程。

复旦大学附属中学的黄玉峰老师,在教范仲淹的《岳阳楼记》"沙鸥翔集"一句时有了思考。在文中,"集"的意思是"飞鸟停留";而"集"的现代意思是"集中"。从古至今,"集"字差异如此大的解释,有什么内在联系吗?黄玉峰先从"集"的上半部"隹"的象形文字开始讲起,和学生一起讨论,让学生明白"隹"其实就是一只鸟,然后找寻和"隹"有关的字。"雀"是小鸟,"霍"是一阵大雨突然降临的时候,树上的鸟会霍地飞起来……学生一下子就明白了,原来"集"就是鸟儿停在树上的意思。黄玉峰进一步引导学生,"集"还不是原貌,最早是"雧",树上有三只鸟,表示"多",也就是一群鸟,所以"集"做动词就是"集中",做名词就是"集体"了。解释一个字,看上去绕了一大圈,但正因为回溯到原点,学生明白了其变化的来龙去脉,不仅学得有趣,还能举一反三。

学生在对比阅读古代汉语和现代汉语时,常常会对古今异义的巨大差异感到困惑。对此,教师要做有心人,在上课时可以回到文字的原点,分析从古至今汉字演化的特点,找到其内在联系。

和"听""说"类似,"读"是理解书面语的重要途径,而"写"则是运用书面语的主要方式。阅读是汲取和输入的过程,写作则是释放和输出的过程。一个人的写作素养可以从以下几个方面体现出来:一是书写的文字、符号和公式等美观大方,给人一种愉悦的享受;二是与自己的学识相适应,体现丰富的生活积累和相应的生活经验;三是具备广博的知识视野，具备必要的写作技巧，写出来的文字通俗易懂、思维流畅、词语优美；四是具有良好的写作习惯，平时坚持不懈地写作，具有较强的逻辑思维能力。概括地说，写作不是无中生有，而是一个输入、思考和输出的过程。输入就是注重积累，厚积才能薄发；思考即对知识进行消化和整合，以达到融会贯通；输出就是写作的孕育和构思，力求豁然开朗。

 50 字的随笔

上海市虹口区的张亚昀老师，有让学生爱上写作的妙招。

从学生升入六年级开始，张老师就向学生宣布，不写大作文，每天只写50个字的随笔。学生觉得这样的任务很简单，非常容易完成。刚开始，张老师让学生写"我的妈妈"，这个题目他们在小学已写过无数次，自然得心应手。可是，一个星期写下来，能抄的都抄完了，能编的都编完了，怎么办？他们迫切需要老师的帮助。这时候，张老师对学生说："看看我的手，我手上的皮肤是干燥的，是不是不注意保养？不是的。我的手天天跟粉笔打交道，肯定是不会光滑的。"在张老师的启发下，学生开始写妈妈的手，写妈妈的局部特征。有一个学生从妈妈穿的鞋子里面看出了母爱。写完妈妈接着写爸爸，学生体会到原来人物的性别也是需要关注的细节。之后是写卖羊肉串的人，写自己栽种的大蒜头，等等。一个学期下来，每个人都至少写了1.2万字，一点儿也不觉得烦。

需要注意的，是不少人认为听说读写素养的培养工作是语文学科的事情，与其他学科没有关系，这是一种误解。每一门学科都有独特的话语体系，都有独特的思维方式以及图文符号等呈现方式，学习每一门学科都会用到听说读写这些基本素养，所以这是所有学科都应该共同施力的工作。

除了听说读写的基本素养之外，还有很多功能性素养，比如说数学素养、科学素养、信息素养、财经素养、生态素养和法律素养等，也都属于基础素养的范畴。

审美素养

梁启超先生在《美术与生活》一文中指出，他确信美是人类生活的一种要素——或者还是各种要素中之最要者。倘若在生活全内容中，把美的成分抽去，恐怕便活得不自在，甚至活不成。美具有无限的魅力，追求美、向往审美的境界是人的天性。审美是人不可缺少的高级精神活动，在人生中占有重要地位。审美素养包括审美经验、审美情趣、审美能力和审美理想等各种因素，既体现为对美的接受和欣赏的能力，又体现为对审美文化的鉴别能力和创造能力。

对美的追求，如同对真的追求一样，是人们做科学研究、探究事物奥秘的重要目的。教师在授课的过程中，也要让学生意识到学科是美的，处处蕴含着美。在学习中不断地发现美，感受美，甚至创造美，可以使学习过程充满乐趣，可以激励学生不断地克服困难，勇往直前。

就拿物理学科来说，物理美的形式就是多种多样的。比如，简洁美与深刻美、统一美与奇异美、模型美与和谐美、状态美与过程美、结构美与对称美等。爱因斯坦的质能方程 $E=mc^2$，形式简洁无比，却成为指导人类进一步认识核反应规律和从核反应中去获得巨大能量的基础理论，其深刻美毋庸置疑。从气体的三个实验定律到理想气体的状态方程，不同的人从不同的角度"瞎子摸象"，最后形成了关于气体变化的普遍规律，这样的历程本身就是十分精彩的，既是统一美的体现，也反映了人们探索事物的认识过程和思想方法。在对原子、原子核等微观粒子的探索和认识的过程中，一个个物理模型的建立与修正，更是推动了人们对物质结构认识的不断深入，物理模型美与和谐美充盈其间……

劳动素养

读过苏霍姆林斯基著作的人，想必对帕夫雷什中学设置的劳动课程印象深刻。苏霍姆林斯基说，一个人的和谐全面发展、富有教养、精神丰富、道德纯洁——所有这一切，只有当他不仅在智育、德育、美育和体育素养上，而且在劳动素养、劳动创造素养上达到较高阶段时，才能做到。劳动素养不仅包含完善的技能技巧，还包含劳动在一个人精神生活中的作用和地位，以及主动参加劳动的责任感和荣誉感，团结互助的协作精神，一丝不苟、刻苦耐劳、坚韧不拔的劳动态度等。

劳动素养的培育是全社会的事，是一项系统工程。学校主阵地的作用不可或缺，除了需要将劳动教育课程落实到位之外，还要积极为学生创造条件，让学生在平常的生活中摆正学习与劳动的关系，倡导热爱劳动的良好风尚。家庭要把劳动习惯的养成融于日常生活之中，凡是孩子自己能够独立完成的家庭劳动任务，尽可能让孩子自主完成，不要越俎代庖。社会也要通过对工匠精神等的宣传，给学生树立劳动者最光荣的良好形象，帮助他们在学习成长中感悟"幸福是奋斗出来的"的真谛，在点点滴滴的真实体验中积累人生的财富。

应对新时代各种挑战的核心素养

核心素养的提出,是时代发展的必然。

夸美纽斯提出的"把一切事物教给一切人类"[①]的育人观,相信很多人都深以为然。在历史上相当长的一段时间里,知识积累的速度比较缓慢,在人的一生中,知识的总量和结构不会发生明显的变化,这非常有利于学校开展教育教学活动,可以用稳定的方法将稳定的知识传递给下一代,由此确立了"知识本位"的教育观。尽管学校教育一直不断地改进和完善,但用更为恰当的方式更加便捷地向学生传递知识这一信念几乎没有发生过变化。

但当我们推开 21 世纪大门的时候,突然发现知识更新的速度和方式出现了前所未有的变化,知识数量的急剧增加,更新速度的日新月异,知识结构不断分化和重构,对人们笃信的"知识本位"的教育观产生了极大的冲击。世界各国纷纷意识到,继续坚守"知识本位"的教育观,不仅不能发挥教育引领社会发展的作用,还会阻碍社会、科技和经济等领域的发展。只有找到人发展的核心素养体系,才能解决好有限与无限的矛盾;只有找到对学生终生发展有益的 DNA,才能在给学生打下坚实知识技能基础的同时,又为他们的未来发展预留足够

---

① 夸美纽斯.大教学论[M].傅任敢,译.北京:教育科学出版社,1999:65.

的时空。

从以知识为本转向以人为本，是一次重要的教育理念的转型过程。教育是一个人的价值不断地被发现、不断地被认识的过程。所有的学科，都不应该只是教书，而要借助学科来育人，让学生在学习的过程中有价值感，让学生因为学习而快乐并具备寻找快乐的能力，让学生面对不确定的未来充满希望，并具备在未来"冲浪"的本领，这才是教育的真谛。回顾此前的教育改革，不难发现，"双基"是外在的，主要是从学科的视角来刻画课程与教学的内容与要求；"三维目标"虽然关注到了情感、态度和价值观领域，但依然缺乏对教育的内在性、人本性、整体性和终极性的关注，对人发展的内涵缺乏清晰的描述和科学的界定。而素质是内在的，是从人的视角来界定课程与教学的内容与要求。这就是课程改革在走向深入的过程中选择核心素养的原因。

核心素养的提出，是为了向世人勾勒在以大数据和人工智能为标志的新时代的人才应该具有的形象，由此来规约学校的育人目标、办学方式，规约学校的课程设置、教学内容、教学方法和教学评价等。核心素养具有以下几个方面的特征。

核心素养是为数不多的关键素养

世界上很多国家都在研制并推出核心素养的框架体系，并对核心素养加以界定。其中，最具有代表性的是 OECD 和美国 21 世纪技能学习联盟（P21）所做的解读。

OECD 将核心素养界定为三大类能力：一是灵活使用语言、信息或技术等工具进行有效沟通的能力；二是同异质集体构建良好关系、解决冲突的能力；三是自主学习、反思和行动的能力。根据 OECD 的界定，

"反思性正是核心素养之中心"。[①]

反思性与自主性,是自主学习能力的要旨。OECD之所以将自主学习能力置于如此重要的地位,有以下原因。第一,拥有自主学习能力的人,往往能直面现实的问题和复杂的情境,会在新情境中灵活运用所学的知识和思维方式来找寻问题的解决路径。第二,自主学习能力是一种跨学科、跨领域解决复杂问题的能力。生活和工作中的各种现实问题,原本就少有学科的界限,对这些问题的主动学习和解决,自然也需要跨学科的综合能力。第三,自主学习能力对其他关键能力的发展具有引领和触发的作用。具备自主学习能力的人,本身就有很强的学习内驱力,善于将知识和思维方式在不同的领域迁移,具有很强的情境适应性,这对其他关键能力的培育也是很有益处的。同时,有较强自我学习能力的人,非常善于对自身的学习行为进行反思,自觉地探究"我是谁"这样的哲学命题,促使自己更好地自内而外展现自己,服务社会。

自主学习能力并不是人的先天特质,而是在后天的学习生活中逐渐训练养成的。后面我们还会提到这一点。

美国21世纪技能学习联盟认为,21世纪最需要学习的是四种能力。第一,批判性思维。在当今社会发展的速度大大超过个人接受能力的情况下,不盲从,不轻信,凡事要有自己的看法的批判性思维变得尤为重要。第二,沟通能力。包括线上线下、口头和书面的有效沟通。新科技层出不穷,人们的沟通方式也在不断发生变化,但如何能够抓住人心仍是沟通的关键。第三,团队协作。几个人凑在一起不会

[①] 钟启泉. 基于核心素养的课程发展: 挑战与课题[J]. 全球教育展望, 2016 (1): 4.

自然成为团队,要有共同的愿景,要在明晰各自责任的基础上加强协作,要在个人主义和团队目标之间达成妥协,要实现"1+1＞2"的效益,这些都是21世纪核心竞争力考量的重点。第四,创新与创造。在新技术、新发现如雨后春笋般涌现的今天,墨守成规不可能取得任何成就,创新能力将是取得成功的基石。只有想到别人想不到的地方,才能有所发现,有所创造。

各方形成的基本共识是核心素养的核心,既不是指单纯的知识和技能,也不是指单纯的兴趣、态度和动机,它重在强调知识与技能的灵活运用,强调在解决实际问题的过程中呈现出来的思考力、判断力、表达力以及人格品性,是为数不多的关键素养。在具体实践中,要避免将各种基础素养都拉进核心素养的筐里来。

核心素养是跨学科的

核心素养具有超越学科、超越学段的特点。比如说,自主学习能力、问题解决能力和批判性思维能力等,这些既没有学科的界限,也没有学段的区分,是所有学科、所有学段都应该重点培养的。核心素养具有以跨学科的大概念和重要的新兴议题来统整个人学习的特征,还具有跨越不同社会场域边界,协助个人有效参与学校、劳动市场、政治运作过程、社会团体以及家庭生活等特点。

如果核心素养是跨学科的,那么在某一具体的学科中再具体细分"学科核心素养"就不太合适。如果我们把F1方程式赛车看作核心素养,它是一个整体,那么组成这辆赛车的各部分部件就相当于各个学科,这些部件单独拿出来并没有什么出奇之处,但将它们整合在一起就能发挥出巨大的威力。华东师范大学的钟启泉教授等提出,如果说核心素养是为新时期培养的人才勾勒出来的一幅蓝图,那么学科就是支撑这幅蓝图得以实现的构架，有其自身的内在逻辑。因此，对具体的学科而言，不宜再提"学科核心素养"，称之为学科素养即可，否则就变成多核心了。

钟启泉教授认为，学科素养是既体现了学科本质，又指导了学科实践的思想方针。把握学科素养，至关重要。建议一线教师透过对"学科群"本质特征的研究来把握学科素养。他将当下基础教育领域的学科划分为四个"学科群"——语言学科群：语言能力与意义创造；数理学科群：认知方略与问题解决力；艺体学科群：艺术表现力与鉴赏力；STEM学科群：跨学科能力。这实际上是在学科素养和核心素养之间搭设的桥梁，帮助教师透过学科视角，深入理解核心素养的本质特征。

一提到语言学科群，大家立刻就会想到语文、英语等以语言能力的培养作为主要目标的学科。其实，所有学科都既有沟通交流依循的共同语言，也有表述自身特征的独特语言体系，这些语言共同促成了学生语言能力的形成。语言是思维的载体，无论是数学学科以数字、符号和图形为特征的语言，地理学科的地图语言，还是物理学科的符号、图标和模型语言，化学学科的元素符号、反应方程和仪器装置图等语言，都是促进学生思维，提升学习能力的基础。语言能力是以知识与经验、逻辑思维、直觉和情绪等为基础来深化思考，运用语言同他人沟通必需的能力，所有学科对语言能力的培育都有重要作用。语言能力的发展越是充分，学生的成长与发展也就越充分。

所谓数理学科群，并非指数学和物理两门学科的集合。1974年，人类试图与地外智慧生物建立联系，通过位于波多黎各的阿雷西波无线电望远镜向M13星团方向发射了一段信息。这段信息包含了一系列的数字0和1，还有包含1679个像素的该望远镜的图像。而$1679=23\times73$，是两个质数的乘积。你看，想和外星人交流，人类猜想最有可能的语言就是数字。同样，在日常生活和科学研究中，数学也是进行思维、开展探究必不可少的基础。几乎每一门学科的内容，都和数学有千丝万缕的联系。理科是以自然界的事物与现象为学习对象的学科，学生正是通过与自然现象的碰撞，不断建构自己的科学概念，习得探究能力，获得情意方面的培育的。"科学素养"是理科教育的核心目标，即把握科学的核心概念，把探究过程作为自然科学的研究方法，在重视直觉、发展创造性能力的同时，养成良好的科学态度，形成科学的世界观。

脑科学的研究表明，人通过各种感官来学习，效果会更好。学生健康的体魄、良好的心理素质，以及艺术的表现力和鉴赏力，不仅仅是体育和艺术两门学科的教学追求，在其他学科的学习中也发挥重要的作用。在构建艺体学科群的时候，我们需要在以下两个方面重点探索：一是如何打破学科分割的壁垒，把艺术表达、教育、认知和整合等核心概念彼此融合，构建一个统整的艺术学科群框架；二是如何把基于运动的六种教育学观点——发现身体、审美体验、危机状态的经验与考验、成绩的保障、竞争与合作的社会性行为的机会、健康的维系与对健康的认知统整起来开展教学活动。

STEM学科群是借鉴近30年来美国跨学科教育的理念和实践，以科学、技术、工程和数学为核心构建的特殊学科群。STEM瞄准的是跨学科能力，其整合教学的设计着重突出三个要诀：一是整合，即将具有内在联系的不同学科的内容整合起来，通过统整的方式来开展学习；二是重建，即在跨学科的背景下，重建学科的概念，并在不同的学科之间加以运用；三是适度，整合并非越多越好，STEM并非要把科学、技术、工程和数学四门学科融合成一个新的学科，而是在保持学科自身分科特征的基础上，有针对性地开展整合，让学生既能体会单一学科的特色，又能感受到整合的魅力。

学科群在实现学科素养培养方面有着独特的价值，也是帮助教师从综合的、整体的高度看待学科很好的抓手。教师持有的学科观念会直接影响学生的学科素养的形成，从这个意义上来说，每个教师都应该对核心素养、学科素养等内容做更加深入的学习和研究。

核心素养指向高阶思维能力

核心素养关注的是批判性思维、决策能力、问题解决和自我调整之类的高阶思维能力，沟通与写作之类的社会技能，以及反省、自律、协作和责任感等人格特征和态度。核心素养不仅能够满足个人适应环境、生活情境等的各种需求，还能够协助个人发展出高阶心智复杂性的反思力，这对激发学生的好奇心、求知欲和探求创新的精神，协助学生形成完美人格，学会认识和接纳自己，学会人际交往，认识学习的价值，形成正确的学习动机及学会学习，适应未来社会的竞争与挑战都是很有帮助的。

一说到高阶思维能力，我们很自然地就会联想到布卢姆（Benjamin Bloom）的认知目标分类。在这个分类体系中，布卢姆将认知目标由低到高分为知识、理解、应用、分析、综合和评价等六个维度，其中前三个维度对应低阶思维能力，后三个维度对应高阶思维能力。当下的课堂教学，存在一个很大的问题，就是教师将绝大部分的时间都花在低阶思维能力的讲授和练习上。很多教师总是担心自己的教学内容有疏漏，凡是教材上提到的知识，总要花费一点儿时间给学生讲解；总是担心学生不会学习，所有的知识点都要反复说明、不厌其烦，结果等到教学进入高阶思维能力的学习内容时，课堂上的时间却不够用了。而高阶思维因为比较复杂和综合，恰恰是最需要学生花费时间投入其中的。现在的学校难以培养出具有创新性的人才，与我们平时的课堂教学总是将目光聚焦在低阶思维能力的培养上是有很大关系的。

最近几年，一种新的教学模式——翻转课堂被人们推崇，是因为人们已经在现有的教学模式上做了很多新的尝试，但不能从根本上解决人才培养的问题，不能很好地将高阶思维能力的培养落到实处。翻转课堂给教育工作者带来了新的希望。翻转课堂基于一个基本的事实：学生对即将学习的内容并非一张白纸，其中有一部分内容、甚至有相当一部分内容不需要教师教，仅靠学生现有的学科知识储备和理解能力就可以自学完成；有一部分内容是学生能部分理解但又存在疑惑的，只有少量的学习内容学生完全不懂。基于这样的事实，教师可以通过预习引导学生提前学习，让学生在课前就搞明白自己哪些内容是理解的，并将存在的问题或者困难提出来，教师据此来备课，在课堂上用较少的时间帮助学生解惑答疑，留下来的大部分时间让学生把所学的知识运用于实际，通过对现实生活中相关问题的分析和研究，在高阶思维层面上实现学习和交流，让学习进一步深化。翻转课堂带来的课堂学习的思维层次中心的转移，会让学生有更多的机会体会高阶思维的特点和运用技巧，这正是促进学生核心素养培养的基础。

核心素养是后天习得的

早在 1959 年，美国哈佛大学教授罗伯特·W. 怀特（Robert W. White）在《对动机的再思考：素养的概念》一文中就指出，"素养……是指某个有机体和环境有效互动的能力……能够与环境适当的互动是通过长期持续的学习缓慢获得的……绝不是靠着单纯的（生理）成熟就能达到的"。[①]

---

① 杨向东. 核心素养测评的十大要点 [J]. 人民教育，2017（3-4）：41.

从本质上看，素养是个体后天习得的、能够适应和改造环境的可能性。前面讨论素养概念的演变，也从一个侧面告诉我们，核心素养是后天习得的，并且与个体所处的环境、经历的时代以及文明的程度等都有直接的关系，这些因素都会对个体核心素养的塑造烙下深刻的印记。

既然是后天习得的，那么教育就必然是落实核心素养的重要途径。这里指的教育包括显性的教育和隐性的教育。显性教育指学校、家庭和社会有意识地对个体实施的教育，这方面大家非常熟悉，不再展开讨论；那些非计划性、无组织性、以间接含蓄的方式施于个体的教育，则属于隐性教育。在核心素养的培养方面，隐性教育具有和显性教育同样重要的作用，需要认真加以对待。

隐性教育主要体现在四个方面。一是家长、教师和社会各界的榜样形象。形象是各种心理特征的综合表现。一般来说，那些把娱乐界的明星作为自己偶像来追的人，和那些以英雄为自己标杆的人，其精神面貌是不大相同的。二是我们给个体设定的目标。个体总是在自觉不自觉地朝着老师和家长为他设定的目标而努力，目标是一种微妙但又隐蔽的教育力。三是个体所处的自然环境、家庭环境和社会环境。自然环境指自然界各种事物构成的环境，如山水、风景、气候、花木和动物等；家庭环境即家庭的住所、各种设施设备、家长的习惯爱好、家风家训等构成的环境；社会环境指社会上各种形态的事物构成的环境，如制度、法规、文化、舆论、风气和社会活动等。良好的学习环境能促进学生身心健康发展，不良的学习环境对学生的身心发展起腐蚀作用。四是家风、班风、校风和社会风气。它们虽然是无形的，难以被感官察觉，但能为个体意识到并感受到它们的存在，不由自主地影响和教育着个体，影响着个体的行为。

核心素养虽然是后天习得的，但这个习得的过程是缓慢的、渐进的和持续一生的，不可能一蹴而就。这就要求我们要认真研究学生身心发展的特点，对核心素养的培育进行系统的设计，明晰每一个阶段培育的重点和任务，有计划、有组织地加以实施，不能"大路朝天，各管一段"。任何对核心素养的肢解和扭曲，落实到行动中都会带来负面效应。

核心素养是可以监测的

学者蔡清田认为，素养具有两种本质。第一，素养是后天习得的，具有可以教、可以学的特征。第二，素养也是一个"冰山模型"，既有外显的部分，如人习得的知识、获得的能力和采取的行动等；又有内隐的部分，如人的态度、情意、价值和动机等，而且内隐的部分占大多数。[①] 素养的"冰山模型"告诉我们以下几点。首先，素养是可以测量的。外显的部分比较容易测量，内隐的部分通过适当的工具可以转化为具体的、可被观察以及评价的对象，进而发展为可被测量的指标。正是因为素养可以被测量、被评价，所以才能通过课程予以实践、加以监测、落实评价。其次，素养的表现水平是经过推测而得知的。无论是 OECD 的 PISA 测试，还是欧盟的素养监测，都是基于对个体行为表现的观察所获得的证据而间接推测得知的。学校里平时组织的测验、考试等，往往只是对学生知识理解方面的检测，很少能从中推测出学生素养的发展状况。学校落实核心素养，不仅仅是指课堂教学的过程要改革，还包括各种测验、考试等评价也要体现学生素养的发展状况。而针对核心素养测量的理论研究和工具开发，基本上还是一片等待开

---

① 蔡清田.核心素养与课程设计 [M].北京：北京师范大学出版社，2018：34.

拓的处女地。再次，素养具有连续体的特点，对个体来说，会随着学习的不断深入而持续提升；对群体来说，会因为对同一件事情处理的效能不同而将不同人的素养划分为不同的水平，这也为素养的评价量表设计提供了思路。

在研制测量工具的过程中，我们将要面临的最大困难，就是核心素养从本质上看更多反映的是人的内在本质和特征，它们都掩藏在"冰山模型"的水下部分，无法直接观察。要对它们测量，必须借助个体在具体任务中的实际表现来加以推测。那么，如何保证这一推测的合理性，如何保证推测得出的结论正好指向个体核心素养的实质或核心，这都是需要仔细考量的。还有，核心素养是否存在不同的水平？比如说，有没有可能将批判性思维能力分成不同级别，以便和不同学段、不同心智水平的学生之间建立对应关系。如果能分成不同级别的话，这样的级别又该如何界定，与任务表现之间又应该建立怎样的关系，也是需要仔细研究的。

核心素养是可以监测的，但绝对不是通过现有的考试项目可以实现的，我们对此要有清晰的认识，并要积聚力量于新的测评体系的研发与构建上。或许可以因此走出一条类似于PISA测试那样的具有中国特色的测评道路来。

万物互联时代的职业素养

学生目前普遍存在的一大问题，就是对社会上的职业了解不多，甚至缺少基本的认知。填报高考志愿时，考生很少依据自己的兴趣特长与大学设置学科的匹配程度来选择学校和专业，主要参考的就是自己的考试成绩和历年来各大学的录取分数线。等到完成大学学业要择业的时候，才开始思考想去做什么。一些考生到了大学才发现所选专业与自己的兴趣爱好不匹配，择业时又因为茫然跟风而导致职业发展上的诸多不如意。

之所以出现这样的状况，是因为当下的基础教育比较缺乏对学生职业素养的培养，职业体验教育和职业生涯规划，对学生来说还是新鲜事，目前还没有统一的课程。新课程倡导的"综合实践课程"领域有这方面的要求，但学校在具体实施的过程中，落到实处的不多。

学生是未成年人，他们的主要任务是学习。学习的内容之一就是了解生活和工作中有哪些职业，从事这些职业需要具备什么样的本领，做哪些基础性的准备，这些职业在国计民生中的作用是什么，等等。了解的方式有很多，如课程的学习、学生现场参观和考察、到相关的职业岗位上去体验和通过模拟的方式探索职业运作等。

像德国、加拿大、美国、芬兰、日本等发达国家，非常注重学生的职业启蒙教育和职业能力培养，不少国家甚至将其延伸到幼儿园教育之中。每个国家在职业教育方面都有各自不同的特点和做法，总的来说可以分为四种类型。

一是在学校里开设相关的职业课程，或者让学生走进专门的职业学校，通过一段时间的学习来熟悉一种或多种职业的运作模式。二是让学生去真实的机构、企业或工作场景，去了解职业特点。就拿作为职业启蒙教育理念发源地的德国来说，他们在幼儿园三年4000多个小时的课程中，主要任务就是培养孩子的生活自理能力，让孩子初步认知社会。比如，参观警察局，了解警察做什么，学习报警，处理遇到坏人的情形；学习坐车，记回家的路线；到自由市场买东西，学习挑选、认识商品，感知金钱数量和交换形式；等等。在美国，每年四月的第四个星期四是"带孩子上班日"。这一天，6—16岁的孩子跟随爸妈上一天班，在感受父母工作氛围的同时，也了解社会不同职业。三是请不同职业的从业者代表到学校来，给学生介绍各自职业的特点，介绍他们都在做些什么，工作的价值和意义是什么。四是通过模拟的方式让学生去体验不同职业的工作性质。比如，芬兰的"Me & My City"（我和我的城市）项目，在面积约500平方米的区域内建立起一个微型商业系统，内有15—20家企业和公共服务平台（银行、邮政等），以及70多种职业。这些机构和企业都是真实存在的，是全球各知名企业的微缩版。学生在职业体验的过程中可以充分感受到现实的残酷和生存的不易，知道这并不是一场单纯的游戏。

 东敲西打学校

美国的东敲西打学校其实是类似于夏令营式的学生训练营。在这里没有课程，没有考试，只有一大堆的木头、钉子、绳子、轮子和各种各样真正的工具。在六天的浸入式体验过程中，学生会一起设计草图，动手操作，解决问题和克服困难，最后，他们会完成令人难以置信的作品。比如，自己动手造一艘木船，并且要到水中去试航。如果船不能漂浮，他们就会掉进水里；比如，亲自造一个很大的帆，来把火车拉动起来……很多学生在这里学习之后，虽然过了很久，仍能清晰地记得制作过山车、滑翔机以及乘帆船和骑摩托的细节，因为这些都是他们自己动手做的，源于这些经历的哲理也深深融入了他们的脑海中，形成了永不磨灭的记忆。

学校的创办人认为，孩子的创造能力、动手能力和解决问题的能力需要在真实的操作体验中得到培养和锻炼，要让更多的孩子用真实的方式去了解世界，最终获得工匠的本质——拥有从一些已经存在的事物中创造出新东西的"超能力"。

美国社会学家安德鲁·阿伯特（Andrew Abbott）指出："职业支配着我们的整个世界。它们治愈我们的身体，衡量我们的收益，拯救我们的灵魂。"[①] 英国的一项心理学研究报告也显示，6—15岁是孩子职业启蒙的黄金期。因此，必须在基础教育阶段加强职业启蒙教育，培养学生的职业素养。学生职业素养的培养大体可以分为三个阶段。

职业启蒙阶段

职业启蒙阶段大体与幼儿园和小学阶段相对应。该阶段主要是让孩子了解不同职业的性质和特点，激发孩子探索丰富多彩的职业世界的兴趣。我国近代教育家黄炎培说过："凡教育皆含职业之意味。盖教育云者，固授人以学识、技能而使之能生存于世界也。"[②] 这充分说明职

---

① 陈鹏.职业启蒙教育：开启职业生涯的祛昧之旅[J].教育发展研究，2018 (19)：21.
② 中华职业教育社.黄炎培教育文选[M].上海：上海教育出版社，1985：44.

业性是教育的重要特征之一。在学生的世界观、人生观和价值观形成的初期，加强对学生的职业启蒙教育，对学生未来发展、适应社会需求等都有积极的意义。

美国的《国家职业发展指导方针》规定：从6岁开始的职业指导和训练，要让孩子们学会对自己的兴趣、专长、特点和能力等进行"自我认识"，要进行"教育与职业关系的探索"，研究教育与职业的关系，了解职业信息的获得和使用、工作与学习的关系、工作与社会的关系等，还要学习职业决策和进行"职业规划"，让他们对职业发展的这几大环节有相当的认识。在美国，学校的职业讲座、模拟工作情景的启发性游戏以及社会体验活动，构成了小学阶段职业启蒙教育的主要实施途径。一些学校从一年级开始开设"职业日"，在"职业日"当天，校方会邀请各行各业的人，如消防员、工程师、工人、银行家、运动员、推销员、警察和律师等，他们向广大学生介绍自己工作的情况，进而让学生初步了解职业的相关性知识，对不同职业有一个初步印象。

美国设计中小学职业启蒙教育内容坚持三个原则：一是职业启蒙教育课程应面向所有学生；二是职业启蒙教育是一种持续性教育，应贯穿学前和中小学阶段；三是中学毕业的学生，包括中途退学者，都需掌握谋生的技能。在这些原则的指导下，美国以教材、多彩的活动形式将职业启蒙教育目标分阶段地呈现给学生，使他们了解不同类型职业的常识性知识，培养其职业意识，并促使他们思考自己未来要从事的职业类型。

近年来，日本政府将幼儿职业启蒙的开始阶段从小学前移到幼儿园，并从教育政策方面给予很大的支持和鼓励。他们投放资金，聘用专业指导教师，促使学生思考未来、规划职业，帮助学生开启"职业"道路。日本在重视学校教育的同时，不管是幼儿园还是小学，经常会开展类似职业体验日的活动。在这一天，学生将会亲自安排与落实活动的每个环节，在活动结束后，老师要总结点评。此外，儿童社会体验公园也成为日本对学生职业启蒙教育的一个重要路径，学生通过游戏体验不同职业的特点，进而了解社会的组织结构、按劳取酬的社会分配原则等。这些国家的做法值得我们学习和借鉴。

美国著名生涯理论研究学者舒伯（Donald E. Super）从人的终身发展角度出发，于1953年将个人职业生涯发展分为成长（0—14岁）、试探（15—24岁）、建立（25—44岁）、维持（45—60岁）与衰退（60岁以上）五个阶段。每个阶段个体的兴趣、爱好、职业目标、人生追求均存在显著差异。成长期对学生进行的就是职业启蒙教育，其任务是让学生了解与职业有关的常识性知识，懂得人们是如何在社会生存的，从而激发他们根据自己的个性、兴趣、特长等对未来的职业生涯进行思考。

职业认知阶段

职业认知阶段大体与小学和初中阶段相对应。所谓职业认知，就是对职业本身的知识、职业环境和从业人员等基本情况的认识和理解。

职业的界定，指的是具备劳动能力的个体，运用自身的知识、技能与态度，从事社会生产服务，为社会创造物质财富与精神财富，并获取合理的个人报酬，以满足自身物质与精神需求的持续性活动。早在1939年，美国第一版《职业名典》问世的时候，就收录了17500个职业。现在，职业的数量更多了。国际劳工组织制定的国际标准职业分类将职业分成8大类、83小类、284细类以及1506个职业项目。而《中华人民共和国职业分类大典》则将我国职业归为8大类，66中类，413小类，共1838个职业。职业的分类不会一成不变，从2004年开始，我国已经根据社会经济等发展的需要，建立了新职业的发布制度。

像电子商务师、皮革护理员、调味品品评师和机动车驾驶教练员等，都是近些年才涌现的新职业。人工智能和大数据的兴起，更是催生了一批新兴的职业。

仅仅对职业有所认识还不够，还需要对单位、行业以及劳动力市场有所了解。单位是为了一个特定的目标而有意识建构起来的，有政府、企业、事业和社会组织等不同的类型。对一个单位的认识，可以从它的组织结构、组织文化等角度入手。很多单位的后面，是所属的行业或者产业，那些属于朝阳产业或者支柱产业的单位，通常发展的潜力会比较大。当然，还有一些行业或产业发挥基础性的支撑作用，在其中工作也是可以大有作为的。

在认知职业的过程中，也需要对当下的社会环境和行业环境有所了解。我国由原来的计划经济转到现在的市场经济，一个很大的转变就是大学毕业生不再包分配了，需要综合自己各方面的实力选择可能的职业方向，然后竞争上岗。行业的发展环境也是要有所了解的，包括专业前景、就业形势和发展方向等，学生对此要有更清晰的认识，在求学的过程中要有意识在这方面多一些思考和实践，这对今后的职业选择是大有益处的。

学生只有对这些职业的分类和特点、社会环境和行业环境有了较为全面的认知，才能够更加明晰某一职业的价值和使命所在，在进行职业选择的时候，目标才会更加明确，选择也才会更有针对性。

职业规划阶段

职业规划阶段大体与中学阶段相对应。职业规划是对职业生涯乃至人生进行持续的系统计划的过程。职业规划的目的，一是为找到适合自己的工作做准备；二是为在今后的工作中获得职业发展做好铺垫。

要实现第一个目的，需要做到人岗匹配，自己喜欢职业，职业适合自己，为此学生需要正确认识自己。有些学生对自己的认识是比较客观准确的，也有不少学生很难做到这一点，对这样的一些学生，建议给他们做一个相对专业的职业测评，像九型人格解析、霍兰德职业兴趣测试都可以，以此来评估他们的职业倾向、能力倾向和职业价值观。这些职业测评虽然无法帮助学生直接做职业选择的决定，但能够帮助学生更好地了解自身的优势和特点，让他们对自己的基本情况有比较清晰的认识。同时，还要帮助学生对所选的行业或者职业做一些具体分析。每一个行业都会经历起步、成长、成熟和衰退等四步组成的变化周期，要让学生了解所选的行业目前处在变化的哪一个阶段，在这一阶段有什么样的特点，以此来判断自己的选择是否有道理。

能够在职业领域取得好的发展的人，往往有比较高远的目标，这个目标能够一路指引个体在前行的道路中不断努力。这个目标是如何来的？其实，就来自己对生活的认识，对未来五到十年甚至更长一段时间工作状况的规划。恰如爱默生所说，当一个人知道自己的目标去向时，这个世界就会为他让路。

随着新高考改革的深入推进，为了满足学生在高校招生环节有更多选择的需求，各试点省市的普通高中纷纷探索实践职业生涯规划教育，一些学校已经摸索出了较为成熟的生涯教育课程体系，很好地发挥了引领示范的作用。

职业启蒙、职业认知和职业规划，既是职业能力培养的核心，也是孩子人生成长道路中的三个不可或缺的阶段和环节，需要加强实践并在教育教学过程中加以规范。

第二辑
能力才是学习的目的

完成任务最重要的心理条件
利用合作提升战斗力
不舒服的地方才有创新的机会
思想和认识发展的破冰船

"关键能力"一词首次被提出，是在1974年，德国职业教育学家梅腾斯（Dieter Mertens）发表了题为《关键能力——现代社会的教育使命》的论文。他认为，关键能力是与一定的专业实际技能不直接相关的知识、能力和技能，是在各种不同场合和职责情况下做出判断、选择的能力，也是胜任人生生涯中各种不可预见变化的能力。此后，"关键能力"这一提法逐渐被各方认同。

重视和加强对学生关键能力的培养，是当前世界各国共同关注的话题，我国也明确提出要培养学生的四种关键能力，即认知能力、合作能力、创新能力和职业能力。

完成任务最重要的心理条件

从认知心理学的角度看,认知能力指的是人脑加工、储存和提取信息的能力,是人们成功完成活动最重要的心理条件。对某一事物的观察和研究,有的人注重整体,有的人关注细节;有的人记忆深刻,有的人"看后忘前";有的人就事论事,有的人借题发挥……这些都是人的认知能力的体现。

认知能力可分为基础认知能力和高级认知能力两类。给一个18位数字的身份证号码,有的人很快就记在了脑海之中,有的人要复述好多遍才能够记住。像这样与反应速度、记忆广度等相关的认知能力,就属于基础认知能力。

关键能力中的认知能力,指的是高级认知能力。《关于深化教育体制机制改革的意见》对此这样描述:"培养认知能力,引导学生具备独立思考、逻辑推理、信息加工、学会学习、语言表达和文字写作的素养,养成终身学习的意识和能力。"其中包含三种高级认知能力——思维能力、沟通交流能力和自主学习能力。

思维能力

思维能力包括独立思考、逻辑推理和信息加工等。一些学生平时的学习习惯是有脑好好"背",而不是有脑好好"想",遇到困难第一反应是向他人寻求帮助,"怎么办""如何做"是他们的口头禅。针对依赖性强、缺少胆识的学生群体，提出独立思考这一要求很有针对性。逻辑推理强调以敏锐的判断、快捷的反应迅速地掌握问题的核心，在最短时间内做出合理正确的选择。这要求学生要关注事物之间的联系，仔细辨别不同事物之间的异同，养成从多角度认识事物的习惯。信息加工强调对信息的搜集、筛选、分类、排序、分析与研究，发掘信息的价值，为学习和工作服务。在信息爆炸的当下，如果不具备信息加工和处理的能力，很快就会淹没在信息的浩瀚海洋之中。

✱ 独立思考

所谓独立思考，就是以自己的思考为判断的依据，而不是随波逐流，人云亦云。著名的数学家欧拉在《给一位德国公主的信》中，区别了三种类型的"真理"：

（1）我们相信这些事物，因为我们能感知这些事物；
（2）我们相信这些事物，因为我们通过思考发现了这些事物；
（3）我们相信这些事物，因为这是其他人告诉我们的。[①]

如果你仔细回想，就会发现我们相信的那些事情，大多数是通过第三种类型获得的。学生在家庭中，相信爸爸妈妈的话；进入学校后，相信老师的话；再以后则相信专家的话，以及那些专家发表在报刊或写入书中的话……许多事情，我们并没有亲身体验过，或亲眼所见，而是旁人告诉我们的。甚至可以毫不夸张地说，我们对世界的认识就是基于道听途说。

---

① 森特根.思维的艺术：如何像哲学家一样思考[M].李健鸣，译.南京：译林出版社，2018：5.

相信权威，是因为我们明白，有很多事情我们无法亲身去实践，如果有权威人士对这些事情的来龙去脉加以整理，梳理出其中的脉络，我们了解和学习起来就会便捷很多。毕竟绝大多数的知识是通过间接经验获得的。苏霍姆林斯基所在的帕夫雷什中学，坚持半天学习文化知识半天做社会生产实践的课程设计，它的做法为什么在当下得不到普遍推广，一个很重要的原因也与学习以间接经验为主、以专家和权威的传授为主这一理念有很大关系。

正是因为盲信权威带来的很多尴尬，康德才会提倡任何时候都要独立思考，这是最重要的准则。当然，独立思考并不是一件容易的事情，首先，你要有关于这件事情的尽可能多的知识和素材，你积累的知识和素材越丰富，就越有可能从多个角度对事情做分析和研究。其次，不要被自己已有的思维框住，尽可能做到兼收并蓄，注意倾听那些不同的甚至反对的意见，不要轻易地加以否定，而是通过寻找这些意见的论据、立场等对此加以分析，揭示其中的合理部分。最后，加以综合分析，做出自己的判断。

独立思考的能力不是经过某一项训练、熟悉了其基本的运作机制之后就可以建立起来的。这就有点儿像打篮球，即便你熟知了投篮的技巧以及篮球运动的基本规则，也可能在一场篮球对抗战中一个球也投不进去。你只有不断地训练，让自己的基本动作非常熟练，让自己的肌肉越来越有力量和记忆力，才能逐渐在球场上找到篮球入筐时的感觉。从过去习惯听从别人意见的状态，到事事有自己的判断和见解，这涉及思维方式的转变或革新，过程中可能会比较费神，对此要有清晰的认识，稳扎稳打。

在当今时代，独立思考面临极大的考验。随着知识的不断积累，观点和信息的泛滥，人们在面对这些知识和信息的时候常感觉无所适从，再加上社会分工的不断明细，很多人只能在自己熟悉的狭窄领域内有自己的独立思考和见解,在更大的范围内越来越需要依靠专家和权威。和过去相比,我们可能要接受更多听来的事物的现实。因此有的时候,我们会发现那些学历很高的人也会犯在我们看来很低级的错误。在这样的背景下,培养独立思考能力的价值和意义就更加突出了。

 蚯蚓有没有脑

杨茂秀老师和他的探索团队在一次活动中,遇到了一个问题:"蚯蚓有没有脑?"

在场的大人都说没有。有位妈妈还说:"蚯蚓连头都没有,哪来的脑?"

但孩子们都认为蚯蚓有脑。有孩子说:"我打赌,蚯蚓一定有脑。"孩子们跑到阳台,从那些盆栽中挖出两条蚯蚓,大声地说:"我们来解剖!我们来解剖!"

杨茂秀说:"我们解剖开来也不知道有没有脑啊!"

"查百科全书啊!"一个女孩说。书上图文并茂地写着:"蚯蚓是环节动物,有脑。"

杨茂秀说:"我觉得这个书可能有错。"

孩子们问:"那你要怎样?"

杨茂秀说:"我要到辅仁大学生物系去问问。"问了之后,果然蚯蚓有脑。

这是杨茂秀老师亲身经历的一个故事,他将这个故事写在他的《谁说没人用筷子喝汤》一书中。这个故事很值得品味,比如说,是给予知识重要还是经历过程重要?对孩子来说,知道不知道蚯蚓是否有脑，并不影响他在社会上的生活和生存，但探索"蚯蚓是否有脑"依循的态度和方法，对孩子一生的成长都是至关重要的。孩子想到了解剖、查阅文献资料等多种途径，来证明成人的观点是错误的，这种独立思考的精神和态度非常难得，特别是在我们这个崇尚权威的国度。

最有意味的是，杨茂秀自己对这件事情的反思。孩子要解剖蚯蚓得出结论他认为不可信，百科全书的描述他认为不可信，但听了辅仁大学生物系教授的一番话，他就立刻相信了。他在这件事情发生之后进一步反思自己，发现自己在本质上也是崇尚权威的。

✻ 逻辑推理

逻辑不光关乎个体的素养高低，在学科的建设、个体的学习过程中也发挥重要的作用。现在学校的课程种类繁多，而且随着课程改革的深入，还有逐渐增加的趋势，但非常遗憾，最该让学生学习的逻辑推理，却没有专门的课程，也很少能进入课堂教学的话语体系之中。

事实和观念是逻辑学中两个非常重要的概念。事实以两种基本形式客观存在：事物和事件。事物就是存在的实体，房子、树木、动物和各种生活用具等，都是客观存在的事物。"事件是由事物组成的，或者是由事物的表现形式组成的。"[①]

要确认某一事实是否存在，我们通常采取两种方式。第一种方式是自己亲自去检验，通过投身其中，获得第一手资料；第二种方式是借助他人的经验，最常借助的，就是专家的经验。在社会生活和科学技术等领域，无论遇到什么样的事情，专家的意见往往最容易被大家接

---

① 麦克伦尼.简单的逻辑学[M].赵明燕，译.北京：中国人民大学出版社，2008：4.

受。在现实生活中，我们能亲身经历的重要公共事件非常有限。这就意味着，在大多数情况下，我们必须依靠间接证据。

观念是人的大脑对客观事物的描摹，是客观事物的主观反映，是人与外部世界之间的桥梁。正确的观念忠实地反映外部世界的客观秩序，如果我们一次次地来强化这样的观念，这座桥梁就会固若金汤，帮助我们很好地梳理人与自然、人与社会、人与世界之间的各种关系。错误的观念是对客观世界的歪曲表达，因为它不符合事实，所以就会导致各种偏见和误解。

要理解别人的观念，归根到底还是要对事物的本质有准确的把握。许多错误的产生源于我们注意力不够集中，尤其是在面对相似的情景时，我们总是想当然地认为相似的情景只不过是对曾经经历过的事物的简单重复。但从严格意义上来说，世界上没有两片绝对相同的叶子。每个情景都有它的特殊性，我们对此必须保持敏感。与事物接触得越多，对它的理解就越深刻；对它的理解越深刻，观念就越清晰。

事实和真理之间，往往横亘着一条巨大的鸿沟，要找出真相，就必须要在事实和真相之间搭设一座桥梁，而逻辑就是桥。亚里士多德说，苏格拉底是要死的。为什么要死呢？因为人都是要死的，苏格拉底是人，所以，苏格拉底是要死的。你看，他为我们搭建的这个"三段论"的逻辑之桥，多么简单明了。有了他搭的这座桥，每个有理性的人，只要愿意，都可以一步一步沿着它走向彼岸。

上述搭桥的过程，其实就是推理和论证的过程。每个论证，无论它在形式上是多么复杂，本质上都是简单的，都由两个基本要素组成：一个"前提"和一个"结论"。前提是一个支持性命题，它是一个论证的起点，包含推理的出发点所依靠的基础事实；结论是被证明的命题，它在前提的基础上得出，并为大家所接受。

逻辑论证的形式也很简单，只有两条——演绎和归纳。从一般推出个别就是演绎,从个别推出一般就是归纳。例如,你从所有的金属都导电,判断某种金属具有导电性,你就是在演绎推理;你看到一种金属具有导电性,许多金属具有导电性,由此判断所有的金属都具有导电性,你就是在归纳推理。

需要指出的是,逻辑作为一种工具,在使用的过程中也有其局限性。比如说归纳,我们看到一个乌鸦是黑色的,看到许多只乌鸦是黑色的,于是得出了"天下乌鸦一般黑"的结论,但这个结论是否可靠?是绝对真理吗?那倒未必,因为没有人能看到所有的乌鸦,做全样本的概括。只要有一只白乌鸦,这个结论就不成立了。

即便在论证时从逻辑的角度看上去没有瑕疵,也要警惕得出来的结论是否可靠。因为逻辑可以用来讲正理,也可以用来讲歪理。比如说,"因为别人先冒犯了我,所以我就要对其还击"。从逻辑上来看,似乎没有问题,但如果别人的做法已经错了,你再跟进的行为就成了报复。

✳ 信息加工

如果教师平常经常使用多媒体来辅助教学,学生就能够比较好地理解人类信息加工的系统模型。首先是选择给学生学习的材料,可以是文本,也可以是图像;可以是口语,也可以是书面语;可以是静态的图像,也可以是动态的图像。当教师给学生呈现这些信息时,那些语音信息会通过耳朵进入学生的听觉记忆系统,表征为声音;而文本和图像则通过眼睛进入视觉记忆系统,表征为图像。接下来,如果学生注意到了感觉记忆中的某些声音或者图像,就会通过大脑的工作记忆对其进行深加工,其中书面的文字也可以转化为语音的形式。通过加工,学生会有意识地将它们组织成言语模型和图像模型。最后,学生会激活自己长时记忆中储存的原有知识,与大脑中新加工的言语模型和图像模型进行整合，并将整合之后的学习成果再次存储到长时记忆中。

由上可知，信息加工的三个基本过程是：第一，选择相关的材料；第二，组织所选择的材料并形成连贯的表征；第三，将所选择的材料与长时记忆中激活的原有知识进行整合。上述认知过程是推动人类信息加工系统产生学习活动的本质所在。维特洛克（Merlin C. Wittrock）说："如果人们能够自己生成一种学习策略，并为学习中的认知加工做好充足的准备，那么他就能进行更加深入的学习。"[1] 在教学实践中，要做到把主动学习能力的培养融合到每一个学习任务中，这是个巨大的挑战，但这应该成为教学设计持续关注的核心问题。

学生在学习过程中，经常会出现三种类型的信息认知加工：一是无关认知加工，即与教学目标没有什么关系的认知加工；二是基础认知加工，在学习过程中对呈现的材料进行心理表征；三是生成认知加工，在学习中理解所呈现的材料。和教学目标无关的信息越多，学生的注意力就会越分散，学习的效果就会越差，所以教学设计一定要设法减少无关认知加工。当教师提供的学习材料复杂难懂，或者学生对学习材料感到生疏的时候，学习者很难参与其中，教学设计要尽量减少基础认知加工对认知容量的影响。教学设计的目标越是清晰、简洁，就越能减少无关认知加工，善用基础认知加工，促进生成认知加工。

教学设计的主要挑战，就是既要保证学习者适当地认知加工，又要保证这种加工不会使得认知负荷超载。为此，教师在为学生选择学习材料时，既要除去无关材料，突出关键材料，又要设法让学生大脑

---

[1] 梅耶. 应用学习科学：心理学大师给教师的建议 [M]. 盛群力，丁旭，钟丽佳，译. 北京：中国轻工业出版社，2016：33.

中的言语通道和视觉通道同时发挥作用，让学生明白教师期待的最终结果，以便学生向着具体的目标而努力。教师要认真分析学生的学习基础，将学生感到复杂难懂的学习材料做分解，并让学生提前了解相关的核心概念，以促进学生更好地理解知识。教师要善于利用多媒体技术，采取多种途径呈现学习材料，注重新旧知识之间的联系，注重采取恰当的教学方式来支持学生的学习。

沟通交流能力

沟通交流能力不外乎两个方面：一是正确理解他人传递信息的能力；二是设法让他人正确理解自己要表达的思想的能力。其具体的落脚点就是语言表达和文字写作。以"说"的方式进行的沟通交流，重点在口语表达上；以"写"的方式进行的沟通交流，体现的是写作的能力和水平。

工作中同事之间、下属和领导之间就某项具体工作开展的讨论，学习中老师和学生就某个学习任务方法的探讨，不同组织之间因为某项共同的任务或相互利益的冲突而展开的协商，国与国之间在政治、经济、科技等各领域的交往和矛盾纷争等，都属于沟通交流的范畴。沟通交流发生在人类生活的方方面面，要解决的问题千差万别。要让沟通交流有效，需要遵循一定的步骤。日本经营战略咨询专家、沟通专家八幡纰芦史先生认为，沟通交流通常由三个步骤组成：第一步是感情沟通，在说出你的真实意图之前，要通过恰当的沟通，让对方在感情上接纳你，或对你持有中立态度，而不是抵触情绪；第二步是逻辑清晰，用准确精要的语言，没有歧义地表达自己的意图，让对方理解你讲话的重点，并使这些重点直达对方的内心；第三步是阐述利益，告诉对方你说的事情与他之间有明确的利益关系，有采取行动的必要。[①]

领导要找下属做一件事情时，就有一个沟通交流的过程。领导通常会采取这样的做法：首先，对下属近阶段的工作予以充分肯定，让下属明白他做的事情领导都是看得见的；其次，抛出一项任务，让下属去做，并强调唯有他才能做好这项工作；最后，讲述完成这项任务带来的相关益处，让下属产生一种跃跃欲试的冲动。你看，这就是沟通交流三步骤的具体体现。所有的沟通交流，基本上都是由这三个步骤组成的。

当然，这仅仅是一个基本的步骤。要完成沟通交流，还需要注意很多问题。比如说，对方的性格特点。有的人属于感情优先类型，他听不听你的意见取决于他当时的心情如何，对逻辑和利益没那么看重，这就需要你在沟通中着重在第一个步骤上下功夫；有的人属于逻辑优先类型，一般不受情绪和利益左右，更在乎你的话是否符合逻辑，这就要求你在沟通中着重在语言组织上下功夫；还有的人属于利益优先类型，只要所做的事情与自己的利益无关，无论如何他都不会接受你的意见，这就需要你在沟通中仔细斟酌能"拿什么奉献给他"。再比如说，对方的身份。对方是你的领导，你的同事，还是你的下属；是你的家人，你的亲戚，还是你的朋友；是你熟悉的人，还是比较陌生的人；是和你观点一致的人，保持中立的人，或者是与你观点对立的人……由于对方的身份的不同，也会导致在具体实施上述三个步骤时着力点的差异，这都是在沟通交流过程中需要注意的。

沟通交流一定是由说（写）和听（读）两部分组成的，当然，两者是交互进行的。有一对一、一对多，或者多对一等多种类型。完整

[①] 曾杰. 高效对话[M]. 南昌：江西人民出版社，2017：3.

的沟通交流活动通常包含五大元素：观点、听众、声音、目的和组织语言。有的人说了半天，对方都无法理解，这与说话人语言组织不到位、观点不够清晰、对听众的理解状况不掌握等多种因素都有关系。

在说（写）这一方面，需要把握以下几点技巧。一是讲好开场白。美国学者提出了一个"七秒法则"——听众决定是否关注你的发言只需要七秒。二是善于讲故事。喜欢听故事是人的天性，借助故事可以帮助我们了解他人的喜怒哀乐、生活现状、精神情感，以及那些源于生活的智慧启迪。三是问题的清单。在沟通交流之前要做好充分准备，将自己想要表达的意思进行分解，列出问题清单，明确每一步自己要做的事情。这样即使在对话的过程中对方不按照自己的预设套路出牌，因为自己有了详细的预设，明晰了内在的逻辑，所以总能让其回到主旨上来。四是冷场的应对。因为沟通交流目的性强，双方沟通起来也相对谨慎，不会轻易说拿不准的话，所以很容易出现冷场。沟通交流的高手通常善于把握对话的节奏和氛围，不让冷场的情况出现，是因为他们具备两种能力：一种是整理自己思考内容的归纳能力，另一种是准确理解对方想法的理解能力。五是认知的规律。认知心理学告诉我们，人的短时记忆的信息通道容量很小，如果信息量过大，根本就无法记忆。所以，你在给对方阐述自己的观点和想法时，一般不要超过三点。

沟通交流，自然少不了听（读），学会倾听，也不是一件容易的事情。首先，要明白听比说重要。很多人为了把握对话的主动权，总是侃侃而谈，但一番对话下来，取得的成效未必就好。其次，要善于捕捉"言外之意"。美国商业沟通大师约翰·R.斯托克（John R. Stoker）在其著作《真实对话：通过有效沟通赢尊重、求合作、见成效》中指出，人们在对话过程中会通过三种方式体现自己的看法，其中，93%的沟通是通过非语言行为和语气进行的（肢体语言占55%，语气占38%），只有7%的沟通是通过措辞来进行的。那93%的对话动态就是我们需要把握的"言外之意"。认真聆听加上细致观察，绝对比自己夸夸其谈获得的信息要多很多。再次，忌听半截儿话。大多数的人有一个特点，渴望向对方表达自己的观点，并希望对方认同，但同时又不太在意对方的观点。这就导致沟通过程中，有的人总是在对方还没有将话说完就打断，或者表面上似乎在听，但其实一直在想如何组织新的话语来和对方交流，根本没有将对方的话听到心里去，并加以理解。真正的沟通交流高手都有一个良好的沟通习惯——不加评判地倾听。通过这种方式来鼓励对方充分发言，把他们的真实想法听得一清二楚。最后，要充分地交换信息。沟通的实质就是交换信息，具体而言就是双方交换情报与想法。这种交换越充分，对话双方就越能做到知己知彼，以更精准更高效的方式沟通。充分沟通有利于寻找共同目的，而寻找共同目的是达成共识的关键。

自主学习能力

在科学技术的发展日新月异、知识更新频率加快、新兴职业此起彼伏的今天，仅靠学校里学习的那点儿东西远远不够，每个人都必须具备终身学习的能力。在未来社会，学校培养的学生是否具有竞争力，是否能驾轻就熟地应对这个变化的社会的各种挑战，从根本上来说，就在于他们是否具有终身学习的能力，这是人必须具备的核心素养。正如联合国教科文组织出版的《学会生存：教育世界的今天和明天》一书中所讲的，未来的文盲不再是不识字的人，而是没有学会怎样学习的人。在学校之外的终身学习，主要依靠的就是一个人的自主学习能力。

学会学习、终身学习的本质就是自主学习能力。从内在的动力机制上看，其核心是"我要学"，有了强烈的学习意愿，才会主动探求学习的技巧和方法，不断扩展学习的领域和疆界，并将所学知识融会贯通，形成自己对世界独特的认识和看法。

自主学习能力是一种综合能力，主要涉及组织学习活动的能力，如自主确定学习任务，制订学习计划，选择合理的学习方法，掌握学习方法和学会自我考核学习效果等；涉及整合各方面资源的能力，如通过各种途径查找资料，抓住相关资料的内在逻辑和核心，选择适当的方式开展实践研究，运用相关的数据来佐证自己的观点等；涉及观察力、记忆力、想象力和思维力等相关认知能力，以及分析、综合、对比和概括等方法的合理运用；涉及分析和解决具体问题的能力，以及恰当表达的能力。

我们回想一下自己成长的历程，就会发现，在进入学校之前，正是因为有极强的自主学习能力，我们才能够一步步地拓展自己的认识视野，如饥似渴地学习各种知识，连最难把握的语言，都能够对其语音背后的复杂含义洞察秋毫，在与人交往的过程中得心应手。每个人生下来都有了解世界的强烈好奇心，都渴望通过自己的努力尽可能地洞悉世界的运行方式，都是自主学习的能手和高手。但进入学校之后，复杂的课程设置给学生带来了很大的学习压力，课堂教学给他们制造了很多学习上的麻烦，作业测验给他们带来了非常沉重的负担，教学管理又让他们时常感到恐惧和胆怯。在这多重因素的作用下，学生慢慢地放弃了自己擅长的自主学习，开始按部就班地跟着老师的教学节奏前进，接受式的教育成了他们学习的主要方式。

从当下的教育状况看，学生自主学习能力的培养，关键在于家庭和学校，在于家长和教师对此的认识和采取的正确态度。我们都知道，被逼着去做的事情，不仅做起来枯燥无味，而且做出的东西质量也不高。那些自己有极高的兴趣，注入极大的热情去做的事情，不仅不需要别人的督促，产品的品质也会很高。学习也是如此，家长和教师要努力的，是为孩子创设一个每天他醒过来就想到学校里去学习的氛围。有了这样一种氛围，教师只需要给学生提供各种学习的材料，创设适宜的探索环境，剩下的事情学生就基本可以自己完成了。自主学习是一种教育与学习的哲学，同时是一门艺术。

利用合作提升战斗力

如果我们仔细思考当下的处境，就会发现合作的重要意义。我们的衣食住行，样样都需要别人的帮助和支持，自给自足的生活方式已经一去不复返了。在学校里学习本领，也是几个老师组成的团队来共同帮扶，自己要想学得好，同样离不开老师和其他同学的协助。在工作和科研领域，自己是团队里的一分子，集体的成就是每一个成员贡献智慧的结果，成员个体也因为团队而产生价值。文明的创造离不开合作。埃及的金字塔令人惊艳，是团队合作的成果体现。即使是像米开朗琪罗、达·芬奇这样的大艺术家，也需要助手、手工艺人和顾客才能完成他的作品。一个人无论是成长、学习、工作和生活，都必须要学会和别人合作。

有一个古老的寓言故事说，如果在非洲的草原上看见一只羚羊在奔逃，那一定是狮子来了；如果见到狮子在躲避，那一定是象群发怒了；如果见到成百上千的狮子和大象集体逃命的壮观景象，那会是什么来了呢？——蚂蚁军团。在各种动物中，蚂蚁是如此渺小，很多动物可以一脚踩死它，但它们组成的团队，就连狮子和大象也要退避三舍，这就是团队的力量。吕型伟的自传体著作《吕型伟从教七十年散记：从"观察蚂蚁"到"研究人"》一书，讲述了自己对蚂蚁的观察研究，并从中悟出的育人之道。全书既充满激情又富有理性，给人很多启发。

在历史上，发挥团队作用以少胜多、以弱胜强的例子屡见不鲜。楚汉之争就是其中一个经典的事例。项羽勇猛无比，力大能拔山，军事力量也远远超过刘邦。但项羽最大的问题就是性格多疑，不能够任人唯贤，身边连一个范增都留不下来。相反，刘邦网罗了一大批人才，除了韩信、张良和萧何，还有屠狗的樊哙、赶车的夏侯婴，以及周勃、陈平、英布等人，有一个人才济济的智囊团为他出谋划策。

团队理论是20世纪70年代西方管理学领域兴起向日本学习浪潮的产物，是从"日本经验"中提炼出来的。20世纪70年代，日本经济持续高速发展，成为仅次于美国的资本主义经济大国，因此催生了西方"向日本学习"的热潮。日本在经济腾飞过程中采用的团队管理模式让西方很感兴趣，并迅速加以借鉴并风靡于欧美。1994年，组织行为学权威、美国圣迭戈大学的管理学教授斯蒂芬·罗宾斯首次提出了"团队"的概念：为了实现某一目标而由相互协作的个体组成的正式群体。随后，关于"团队合作"的理念风靡全球。

《关于深化教育体制机制改革的意见》对合作能力的界定是："培养合作能力，引导学生学会自我管理，学会与他人合作，学会过集体生活，学会处理好个人与社会的关系，遵守、履行道德准则和行为规范。"这里面既包括自我管理、团队合作等能力要求，也包含融入集体、人际关系、道德素养等基本素养和必备品格。有关必备品格，我会在下一辑重点讨论，这里仅就其中的能力要求展开阐述。

自我管理

苏霍姆林斯基认为，"只有能够激发学生去进行自我教育的教育，才是真正的教育"。联合国教科文组织在《学会生存：教育世界的今天和明天》一书中也写道："未来的学校必须把教育的对象变成自己教育自己的主体；受教育的人必须成为教育他自己的人；别人的教育必须成为这个人自己的教育。"教是为了不教，说的也是这个意思，要通过教育让孩子学会自我教育，养成自我管理的良好习惯，以便在日新月异的社会里如鱼得水般地工作和生活。

苏霍姆林斯基认为，人的活动有两种职能，一是认识客观世界，一是认识自我，而后者才是人的本质。他强调，只有当儿童不仅努力认识周围的事物和现象，而且努力认识自己内心世界的时候；只有当他的精神理论用来使自己变得更好、更完善的时候，他才能成为一个真正的人，也只有这样，外在的知识才能变成儿童内在的精神财富。个体的成长与发展过程从某种程度上讲就是一种自觉地认识自我、否定自我、重新塑造自我的循环反复、螺旋上升的过程，即一种自我教育的过程。

如果把自我教育看作从内心出发的教育愿景，那么自我管理就是实现这一愿景的方法和路径。有关自我管理，需要明确以下三点。

第一，自我管理的核心是自觉。自觉就是自己有所认识而主动去做，或者说自己感觉到、自己有所察觉、自己愿意去完成某项任务。

如果面对的是一个具体的工作，在有限的时间内就能够完成，我想有些人还是能够克服各种诱惑，集中精力自觉自愿地将其顺利完成的。但学习不一样，学习本身就不是一件轻松的事情，要面对各种各样的复杂任务的挑战。当现实生活的各种有趣的事情、各种闲适安逸的生活诱惑自己的时候，谁不希望追求安逸、享受的日子呢？有不少学生无论家长、教师如何管教他们，就是无法在学习上尽力，其实就源于他们不会自我管理，在与贪图安逸、松懈的自我作斗争的过程中甘拜下风。

不自觉的人有两种，一种人无论何时何地都不知道约束自己；另一种人极具两面性，在有监督的情况下才能勉强约束自己，一旦失去了监督，他们就会由着自己的性子和喜好去行事。后面这类人是大多数，在我们的周围随处可见。

要培养自觉性，其实并不难。可以经常问问自己这样三句话：我的目标是什么？我现在在做什么？我现在做的事情对我的目标有没有帮助？干任何事情都要有目标，如果自己做的事情对实现目标有用，就不断地坚持和强化；一旦偏离了目标，就要及时"纠偏"。经常拿这三个问题来问自己，并不断地调整自己的行为，就是在进行自我管理，同时也在培养自觉的意识。

第二，自我管理的关键是坚持。将一件事情坚持做下去，不是一件容易的事情，必将面临两大敌人：一是"我不行"，二是"我放弃"。个体最容易做的决定之一，就是还没有开始尝试之前，就先想到这样那样的难处，最后说声"我不行""不可能"，之后就了事。而有些看上去很难的事情，真正去做的时候，你就会发现完全不像自己想象的那样难。所有局限，都是从自我设限开始的。个体常常通过这样的自我设限，将自己排除在成功的大门之外。个体常常喜欢做的事情之一，就是"半途而废""我放弃"。一件事情刚开始做的时候兴致勃勃，一旦新鲜的劲头过了，就觉得枯燥和无趣，几经挣扎，放手不干了，等着做下一项有趣的事情。看上去自己整天忙忙碌碌，但最后一事无成。

认准了一件事情，就要坚持不懈地将其做好，不给自己找任何理由和借口。世界上最难的是坚持，但几乎所有的成功，都源自坚持不懈的努力。放弃只需要一秒钟，坚持却需要一辈子。培养学生的自我管理习惯，可以从每天坚持写学习计划和总结入手，重点把握几个方面：一是提炼关键词，将当天的主要内容，以最精练的语言概括出来；二是回顾昨日计划执行情况；三是描述今日最大收获；四是今日反思；五是明日计划。这似乎是在增加学生的负担，但如果一天天坚持下去，就会发现这是一个自我教育的好途径，不仅可以让自己在自我管理方面有所提升，还能够发展自己多方面的素养和技能。

第三，自我管理的重点是途径。从哪些途径培养自我管理的能力和良好的习惯呢？主要有七个方面：态度管理、安全管理、情绪管理、欲望管理、语言管理、行为管理和人际关系管理。

态度是最为重要的。学习归根到底是自己的事情，是为了自身成长。一些学生遇到自己感兴趣的老师，课程就学得比较好；遇到自己不感兴趣的老师，成绩就一塌糊涂，这本身就是态度不端正的表现。学习既不为家长，也不为老师，而是为了自己的发展，为了自己将来走上社会的步履更加坚实，所以学会对自己负责，端正态度最为重要。

在马斯洛（Abraham Maslow）的需求层次理论中，安全是人在生理需求得到满足之后的第二层面的需求。在马斯洛看来，整个有机体是一个追求安全的机制，人的感受器官、效应器官、智能和其他能量主要是寻求安全的工具。今天的社会，不安全的隐患比比皆是，而家长和教师不可能时时刻刻陪伴在每个孩子身边，孩子必须管理好自身的安全。

我们常说冲动是魔鬼，强调的就是情绪对人的影响。当不了情绪主人的人，往往成了痛苦的奴隶。处于成长过程中的孩子，学习内容的重要组成部分之一，就是情绪管理。在得意的时候不忘形，在失意的时候少沮丧，这需要通过真实的体验和不断的修炼才能逐渐做到。人是情感动物，每天的心情左右自己的言行，要将事情做好，首先要管理好自己的情绪。

人类史就是欲望牵引人类不断进化、不断发展的历史。人的欲望主要由生理的与精神的两方面构成。然而，欲望一半是天使，另一半却是恶魔，一旦失控，就会把人引向邪恶。管理自己的欲望，就是要让自己能够抵御各种不良欲望的诱惑，这首先要培养自己的文化判断力。

互动交流是人的一种基本需求。这看上去是一件很简单和自然的事情，但用心观察和体会就会发现并非那么简单。有的人几句话一说，会让原本沉闷、尴尬的气氛一下子活跃起来；有的人几句话出口，让原本平和的双方瞬间剑拔弩张。在说话之前，要学会换位思考，考虑一下自己的话会出现怎样的后果。能够在语言方面自我管理的人，一定是善于与人相处的。

不少人是"语言的巨人，行动的矮子"，话说得漂亮，事做得不地道，或者拖拖拉拉，不到最后关头一定完不成任务。因为平时缺少对行动的规划和管理，也没有养成立刻去做的好习惯，所以总给人手忙脚乱之感，做出来的事情也常让人感到不满意。在行动之前，要有一个计划，统筹兼顾各项工作，把时间分配在重要的事情上，以便突出重点，最低程度地减少时间上的浪费。每个人每天都只有24个小时，别人每天比你多节约了几十分钟，长时间积累下来，你们的差距就会越来越大。

广告大师奥斯本（Alex Osborn）有句名言，经营广告的秘诀在于读懂和把握人性，过了一万年，世界上的许多东西都会变化，但恐怕人性不会有大的变化。所以，要把研究人性当成人生的必修课来学习。他讲的是广告，但对学生的学习来说也有同样的借鉴作用。舍得付出、善于接受和学会包容，是人性中最基本也最真实的东西，有助于促进人际关系的和谐。

一个善于自我管理的人，能更好地融入团队，并在团队合作中发挥重要的作用。

团队与群体

婴儿呱呱坠地的时候，大脑的发育还没有完成，不能像小牛犊那样很快就可以独立生活，要经过十多年的时间，才能够慢慢发育成熟，这就使得孩子必须要和成人待在一起，通过群居生活来呵护他们成长。人没有大象的身体，没有狮子的力量，没有猎豹的速度，却站在了生物链的顶端，一个很重要的原因，就是人是群体性动物，通过群体来放大自身的力量，克服一个个艰难险阻。一个家庭、一个族群是一个群体；一个班级、一所学校也是一个群体；一个部门、一个系统同样是一个群体，我们每个人都生活在不同的群体中，都是群体中的一分子。

团队始于群体，但又不同于通常意义上的群体，它是群体发展的高级阶段。两个以上的既相互依赖又相互作用的个体，为了实现某一特定的目标而聚集在一起，就构成了一个群体。团队则是一群互助互利、团结一致为统一目标而坚毅奋斗的一群人。看上去两者的界定差不多，但如果仔细分析，两者之间的差异还是很多的。

第一，目标上有差异。群体的目标通常是长远的，比如，通过努力让家庭更加富裕，让学校的办学品质更高，让单位成为学习型组织等，而且群体的目标必须跟组织保持一致；团队的目标可以是短期的，在某一阶段为了完成某个项目而组建团队，其目标更加具体，更加具有针对性。第二，决策方式上有差异。群体有明确的领导人，家长、组长、班长、年级组长、校长、局长、院长……我们可以说出一大串来。团队通常采取共同决策的方式，每个成员都有决策权。与权力相对应的，是承担的责任。在群体中，领导者要负很大的责任，群体中其他成员的责任则小很多；在团队中，每个成员各司其职、各负其责，共同承担相应的责任。第三，协作方面有差异。在群体中，成员之间的协作程度一般，经常出现"同行是冤家"的状况，不仅工作上不大愿意配合，相互对立的状况、竞争化的心态也是常见的。在群体中，总会有一些人在努力工作，有一些人是老好人，有一些人不仅不太爱干活还尽说一些阴阳怪气的话，也有个别人就是躺倒不干，弄得领导束手无策。但在团队中，不会出现这样的状况，大家会为了一个目标，齐心协力克难攻坚。第四，成员结构上有差异。群体成员可能是同质性的，也可能是异质性的。就拿学校来说，备课组这个群体通常情况下就是同质性的，年级组则是异质性的。在组建团队成员时，着重考虑的是异质性的成员，把具有不同知识、技能和经验的人整合在一起，可以形成角色互补，有效分工，发挥每个人的最大效益。第五，成果绩效上有差异。群体的绩效是每一个个体的绩效相加得到的，而团队的绩效水平远远高于个体成员绩效的总和，凸显出"整体大于个体之和"的效果。

除了上述这些区别之外，团队还有一个特别重要的优势，就是在复杂多变的环境中，团队比传统的部门结构反应更迅速，能够快速组合，能够根据项目和任务加快推进部署、实施，能够增强团队成员的民主气氛，提高员工的积极性。正是因为团队的这些优势，世界各国在研究制定本国的核心素养体系时，都将团队合作能力作为一项关键能力，作为核心素养的重要组成部分而加以设计和有计划推进。

团队通常有两种类型：一种是"项目团队"，是为了完成某项特定的任务而组建的。比如说，学生中的研究性学习小组，学校为推进一项研究课题或研究项目而临时组建的团队等。项目完成之后，这个团队自然也就解散了。另一种是"工作团队"，是为了持续改进群体的工作而设立的团队，这是一种长期性的团队，建设这样的团队要求更高。

团队合作

团队合作指的是一群有能力、有信念的人在特定的团队中，为了一个共同的目标相互支持合作奋斗的过程。要让一个团队高效地运作起来，充分发挥协作共进的效益，需要着力做好以下几个方面的工作。

一是稳妥、有效地建立合作关系。很多事情不是独自可以完成的，在做某件事之前，必须寻求合作伙伴，建立合作团队。首先，你要知道你自己能够做什么，有哪些事情自己是无法完成的，你周围的同学、同事、朋友或者亲人中，谁在这方面有特长，可以帮助你共同处理好这件事情。其次，你要以诚挚的态度去邀请他们，让他们自觉自愿地加入进来，组建合作团队。真正的团队合作是以别人"心甘情愿与你合作"为基础的，所以，在组建合作团队的过程中，你表现出来的对他人的欣赏、尊重、信任与平等，以及你自己渴求合作的真诚态度，是维系合作关系的关键所在。一个很强势的人，一个总喜欢对别人发号施令的人，是很难组建起一个稳定团队的。

 课堂上的小组分工

我到一所学校听小学研究性学习课。这节课的教学主要任务，是对一个实践活动安全方案的再设计。学校在组织学生开展外出考察的教育实践活动时，特别让学生罗列了外出需要注意的安全问题，并归纳成几条注意事项，规范学生的考察实践活动。经过了实际的考察活动之后，学生对这些注意事项有什么改进的意见和建议，这成了本节课的中心议题。

在上课的过程中，有一个介绍小组分工的环节。我注意听了各小组的介绍。每个小组都有这样的说法：×××和×××负责思考，×××负责记录，×××负责发言，×××负责小组的组织（组长）……看来，教师肯定为此做过一定的布置。

学习活动为什么要分组？一个人没有办法单独完成一项事情的时候，需要通过分组的方式，让每个人承担其中的部分工作，这些工作的"集合"就是整个探究任务。没有办法完成一项事情，大体上可以分为两种情况：一是这件事情一个人没有办法做，需要两个以上的人合作才能完成。比如说丈量土地，需要两个人配合来拉卷尺。同时测量两个量的时候，通常一个人也难以完成。二是这件事情一个人虽然可以做，但在规定的时间内肯定完不成，需要将这件事情分解成几个部分，大家分头去做。如果不管任务的状况，先给学生分好组，必然会出现小组中有些学生无事可做的情况。

分组后小组成员做什么？建立起来的学习小组或者团队，每个成员都应有工作任务，都要用心思考与实践如何完成任务，应避免出现个别人思考，其他人不需要思考这样的荒唐做法。

小组分工的关键在于信息的共享和思维的碰撞。因为每个成员承担的探究任务不同，每个人熟悉的只是整个探究活动的一部分，所以小组最重要的工作就是分享各自探究的成果、心得，从而使每个成员都能从全局上把握探究的进程，集思广益，共同研究下一步如何推进探究活动的深入。

英国剑桥产业培训研究部前主任贝尔宾（Meredith Belbin）博士和他的同事们经过多年在澳洲和英国的研究与实践，提出了著名的贝尔宾团队角色理论。该理论的基本思想，是没有完美的个人，只有完美的团队。该理论指出，一支结构合理的团队应该由九种人组成，这九种团队角色分别为鞭策者、执行者、完成者、外交家、协调者、凝聚者、智多星、审议员和专业师。该理论强调，高效的团队工作有赖于默契协作。团队成员必须清楚其他人扮演的角色，了解如何相互弥补不足，发挥优势。成功的团队协作可以提高生产力，鼓舞士气，激励创新。

二是共同协商合作目标。合作要实现的目标或愿景是什么，这是每一个团队成员都要非常明确的。目标最好要唯一，完成了这一任务之后，再去组建新的团队做另外一件事情。目标太多，会模糊团队的使命，让成员们不知道自己该为团队贡献什么。团队需要有明确的工作标准，这就像一把尺子，可以让大家自行检验所做的工作是否合乎规范，是否达到基本要求。团队还需要对每个成员的工作职责进行分工，明确各自应承担的责任。需要注意的是，这样的分工应建立在每个成员自身特点的基础上，而且需要大家坐在一起协商，并不是每个人平均施力效果就好。如果用 x、y 代表合作的双方，用 $x+y=1$ 来表示相互之间的合作关系，或许在某项任务中，$x=0.2$，$y=0.8$ 就是最好的施力方式；而在另一项任务中，$x=0.7$，$y=0.3$ 则是最好的施力方式。

三是共同执行合作计划。从开始做这件事情到最后完成任务，需要团队成员共同梳理工作的先后顺序，这有点儿像做应用题时的解题步骤或者做实验时的操作流程，让大家都清楚先做什么后做什么，在某个节点上各自分别做什么。在推进的过程中，还需要互相合作，开发相应的资源，或者寻找必需的帮助，来保障事情能够按照既定的路线图推进下去。将最重要的事情交给最适合的人去做，有助于合作计划的顺利推进。

四是调整和改进合作关系。并不是计划好的事情都能够按照预期的设想进行下去，出现磕磕绊绊甚至工作推进不下去的情况也是经常存在的。每一个团队成员为此都应该具备三种意识。首先，随时报告工作进程的意识。这能让大家相互了解工作进展，及时发现问题。其次，反思和评估问题所在的意识。通过自我反思，大家逐渐聚焦问题的关键。再次，善于妥协、勇于接受工作调整的意识。人们应把整个团队的工作目标放在首位，而不是反复强调自己的重要性，不肯在合作关系中做出一点儿让步。

五是共同总结和分享合作成果。做事情的过程很辛苦，做完之后不能马上画句号。要养成和团队成员坐在一起共同总结合作经验、反思利害得失、分享合作欢乐的习惯，这会让人在后续其他项目的合作中百尺竿头，更进一步。

一张纸帮我们学合作

【背景分析】

在日常生活中,合作共事的理念是大家都非常认可的。但对彼此之间究竟该如何合作、合作过程中要注意什么、要达成团队目标有哪些要素,学生都缺少具体的概念。为此,华东师范大学第二附属中学的刘希蕾老师设计了"我与大家"这门拓展型课程,引导学生学会合作。其中的"一张纸帮我们学合作"一课,通过以一张彩纸为载体的实践活动,让学生体验合作需要注意的问题。

【教学过程】

1. 每人分到一张彩色纸,并按照教师的做法揉成纸球,做个人热身运动。先是竖直抛出,用手接住;接着,抛出后拍手击掌两到三次,再用手接住。然后增加难度,比如,抛出球后自己旋转360度,用手接球。

2. 两人一组,按照前面的示范完成动作,一个人抛出彩色纸球,另一个人来接,并逐步提升难度,做一系列跟纸球有关的抛接动作,和搭档练习,达到默契。两人在合作的基础上,分享各自的经验,明白两人合作需要关注的问题,比如,活动之前的协商、抛球和接球过程中双方的约定等。

3. 四人一组,每人仍然与个人原来的搭档合作,完成抛接球的动作,并自主增加难度。

4. 依次类推,逐步扩大组的规模,直到八个成员组成一组,全班组成三个大组,完成规定任务。

学生分享成功经验。抛的球多了，八个成员会觉得眼花缭乱。需要注意的问题有：同组的同学抛球和接球的高度要进行协商，充分利用空间；球的颜色要进行调整，以免旁边的同学因为紧张而接错；整体的步调要一致，以便全组可以做出一个集体的造型；抛球的角度和力度要把握，以便对方可以在移动中方便地接到……这些总结都来自学生亲身实践之后的反思。

5. 加大任务难度，要求全体共同完成，力求全体同时做到成功。

要求学生在大组活动中，完成前面学习的一系列动作，比如鼓掌、转身等，然后集体接住对方抛过来的纸球。连续接到两次以上才算成功。

八个人同时做一件事情，即使是看上去很简单的任务，要想同步完成也是相当不容易的。教师希望学生经历这样的过程，感受做好每一件事情都需要自己付出艰辛的努力。

6. 体验分享。你在刚才的活动中有什么发现？刚才感受最深刻的是什么？最欣赏团队的什么表现？合作中要注意什么？要成功达成团队任务需要怎么做？

7. 强化、深化体验。学生把用过的纸球展开，利用上面褶皱出现的花纹和导师提供的彩色纸，为刚才的搭档制作卡片。教师示范格式要求："×××，有你真好！在你身上我看到了……（一系列好的形容词来赞美对方）我衷心地祝福你……"（可以根据自己的创意做一些加工，并可共享大家的彩色纸资源）学生交流制作和收到卡片的感受。

这节课的教学目标和教学思路非常清晰，教学中一气呵成，这一点难能可贵。在教学活动中，学生的兴趣得到了很好的保护和张扬。选修这一课程的学生，都是对人际交往、团队合作感到困惑、希望通过课程学习提升自身能力的学生。教师在设计教学内容时，充分考虑了学生的这些兴趣和需求，并以此作为课程设计的基本目标，通过一张纸，让学生亲身体会合作需要关注的一些问题——沟通、协商、发挥各自的特长和明确各自的责任等。学生的需求成为教师教学设计的主线。

教师注重让学生经历"感知—体验—经验"的学习历程，在活动中形成对合作的认识和理解。学生对概念的认识和理解，通常要经历上述三个阶段，才可能从感性的认识上升为理性的思考，才可能由短时的记忆转化为长时的记忆。将一张纸揉成一团抛出去再接住，看上去是非常简单的事情，但让学生亲身感知一下，就发现情况并非如此。怎样能抛和接得更好，将一些自己喜欢的动作加进来？学生一边自己体验，一边观察别的小组的动作，教师也适时让各小组交流经验。但小组的同学并非照搬别的小组，在分享的过程中继续寻找自己的合作方式，直到取得满意的效果。接下来就是让这种满意的效果重复出现，以便这些体验经验化。

这节课的作业设计非常巧妙。学生将用了一节课的彩色纸团展开之后就成了带有特殊皱褶的花纹纸。这些纸带有学生的汗水，因此有了特别的含义。教师让他们用这些纸制作一个卡片，送给合作的伙伴，并写上自己祝福的话。这一活动既成了团队活动的延续，又让学生进一步去品味和体会合作的价值。课后的作业是对这些卡片的进一步美化处理，这又让课堂上的学习内容和课后建立起了关联。

不舒服的地方才有创新的机会

纵观世界发展史，人类的所有文明成果，都是创新思维的果实，都是创新智慧的结晶。创新对一个民族、一个国家发展的重要性是不言而喻的。但要让创新在全社会蔚然成风，则需要加强对人的创新能力的培养。

经济领域的"创新"概念是美国经济学家熊彼特（Joseph Schumpeter）在其著作《经济发展概论》（1912年出版）中率先提出的。他认为创新是指把一种新的生产要素和生产条件的"新结合"引入生产体系。它包括五种情况：引入一种新产品，引入一种新的生产方法，开辟一个新的市场，获得原材料或半成品的一种新的供应来源，新的组织形式。在基础教育阶段要培养学生的创新能力，不能照搬经济、科技等领域的创新模式，重点是让学生养成创新的意识和观念。

谈到创新能力的培养，有人觉得这是"高大上"的事情，与教师平时的教学、与学生平时的学习无关，是少部分在这方面有天赋的人通过活动课程等途径开展的学习活动，以参加各种科技创新比赛为主要目的。这其实是对创新能力培养的一种误解。创新意识其实并不神秘，它贯穿于平时的教育和学习活动之中，是每个人都可以践行的一种高阶思维能力。比如说，通过时不时地改变一下自己的生活轨迹，包括上学或放学的行走路线，改变"三点一线"的生活和学习方式等，让自己试着去接触一些陌生环境和人物，或许就会有新的感悟和发现。比如说保持对事物的好奇心。身边的植物什么时候开花、结果？鸟儿起飞的时候是什么样的姿态？交叉路口的车流量与红绿灯时间长短的关系是怎样设定的？如果对每一个问题都努力产生尽可能多的想法，这样的分析和思考的习惯，就会自然地运用到平常的学习之中，丰富并完善自己的思维模式。比如说，在做作业、处理问题的过程中，首先明确最基本的分析思路，或依据这样的基本思路恰当地处理问题。但又不满足于此，会继续分析在惯常的思路之外，是否还有其他的解决路径，是否有多种不同的路径，每一次都努力试着往前走一步，就可能让自己走入海阔天空的新天地。

《关于深化教育体制机制改革的意见》明确提出，要通过"激发学生好奇心、想象力和创新思维，养成创新人格，鼓励学生勇于探索、大胆尝试、创新创造"来培养学生的创新能力，这具有很强的实践操作性，为创新能力的培养指明了方向。

好奇心

"我没有特别的天才，只有强烈的好奇心。永远保持好奇心的人是永远进步的人。"爱因斯坦的这句话是对好奇心的最好诠释。好奇心是一种喜欢探究未知事物的心理状态，是驱动人成长的基本动力之一。根据达尔文（Charles Darwin）的理论，一般的灵长类动物有三种驱动力——食物、性和居住地，而人类多了第四种驱动力，这就是好奇心。我们常说的兴趣、激情和梦想等，都是从好奇心这里生长出来的枝丫。

从历史发展的长河来看，古希腊和文艺复兴时期，是西方各个领域飞速发展的时期，其中非常重要的一点，就是对好奇心的尊重。而在漫长的中世纪，好奇心被看作人的一种"贪婪"，中世纪整个社会的发展陷入迟缓甚至停顿的状态，与此是有直接关联的。社会的发展如此，一个人的成长也是如此。爱因斯坦、霍金（Stephen Hawking）等，都是因为始终保持好奇心,才做出举世瞩目的成就的。信息技术引发的巨变,使我们更加深刻地认识到,无论是对我们自身的认知,还是对宇宙的了解,都仅仅掀开了科学帷幕的一角,我们尚没能登堂入室,没有真正走进科学的恢宏殿堂,需要始终保持对这个世界的好奇,持续做自己感兴趣的事,不断地去研究,努力去揭开覆盖在其上的神秘面纱。

人类的好奇心,有以下几个方面的特质。

首先,好奇心不大会和现实的奖励或者及时的回报挂钩。如果你鼓励孩子,要他培养自己的好奇心,以便在后面考试中考出好成绩,那就大错特错了。我曾花了好几周的时间集中阅读人工智能方面的书,想了解这一领域从启动到今天的发展脉络,那些标志性的事件,以及给人类带来的重大影响。你说琢磨这些会有什么奖励和回报?纯粹就是想满足自己的好奇心而已。我们永远也不知道,今天学的东西是否会在明天派上用场,但如果你因此失去了好奇心,不再学习,那么很快就会被这个时代抛弃。在不需要回报和奖励的情况下,人依然能保持好奇心,或许与人要不断地锤炼自己的思维有关。

其次,好奇心不在于你不知道什么,而在于你知道了什么。不同的人对同一事物的热情和好奇心有很大的差异。有的人对工程机械类的事物非常好奇,有的人痴迷于信息技术和编程,有的人热衷于在文学作品中找寻情感的共鸣,有的人喜欢自己动手在实践中去发现真知。研究好奇心机制的科学家发现,它的核心是一种概率算法。我们的大脑一直在计算哪条路径或哪种行动,可能会让我们在最短的时间里获得最多的知识。如果你在某些方面有更多的知识储备,大脑就会选择与此有关的更多行动,让你在这个方向产生更多兴趣和好奇心,并获得更多的知识和见识。

再次,好奇心最妙的境界,就是人能大致猜想到问题的答案,但又不确定。你提出了一个问题,但对这一问题的答案一点儿概念也没有,根本不知道该如何去寻找答案,这样的问题其实是没有多大价值的,你也不大会用心去深究这一问题。只有当你对某件事情感到好奇,提出了自己的猜想,并且大致可以预期结果的情况下,你的探究激情才能被充分地调动起来。这有点儿类似于维果茨基(Lev Vygotsky)的最近发展区理论,那些已经非常熟悉的事物或者完全陌生的事物,都是不太能激发学习者学习热情的,唯有在最近发展区内开展的学习活动,才有可能达到学习的最佳效果。

由此可知,要拥有并保持好奇心,需要在以下几个方面着力。

一是要有意识地积累多方面的知识。好奇心虽然始于未知,但它需要已有知识的启发,并以已有知识为基础进行深入探索和实践。创新绝不是海阔天空地胡思乱想,而是建立在厚实的知识积累的基础之上。你积累的知识越少,在发现问题需要处理信息的时候,能够调动的资源也就越少,往往只能看到表象的现象,难以把握深层次的意义,在理解、处理相关资料时需要耗费的脑力也会越多;你积累的知识越多,建立起来的结构化、相互关联的知识体系就会越丰富,在处理信息时速度会越快,也容易将重心聚焦到事物的核心问题或本质上。另外,知识和好奇心不是对立的,知识越是聚集,越能够发现新的问题,越容易激发好奇心和探究欲。同时,知识的积累还有助于将消遣性好奇转化为认知性好奇。国家之所以持之以恒地推进全民阅读,这就是其中的原因之一。

二是对新鲜事物始终保持开放的态度。这句话在这个日新月异的时代意义更加重大。就拿教育来说吧,20年前,很多教师刚刚接触鼠标和电脑,互联网刚刚接入不久,网速非常慢,网上的内容还很少,就在这样的情况下,我们走进了IT时代。当大家正感受到近些年网上高速公路建设给我们带来便利的时候,大数据和云计算,又将我们推送到了DT(Data Technology的简写,数据处理技术)时代,我们还没有搞明白其中的门道，一眨眼又进入了以人工智能和自适应系统为标志的 AI 时代。根据科学家和教育家对未来学校和教育的预测，学校的形态、学校的结构以及学习的方式等都将因此而发生巨大的变化。如果教师不能对新鲜事物保持开放的心态，想把自己的本职工作做好就很不容易。对学生来说更是如此，再过十年，世界上最热门的工作或许现在还不存在。教育虽然是面向未来的事业，但未来是难以预测的。我们唯一能做的，就是让学生养成终身学习的习惯并保持对新鲜事物的开放态度。人们对旧事物常常会有一种"情怀"，有一种羁绊，但学会拥抱变化，用更加开放的心态去看待事物的兴衰，其实更能激发并保持我们的好奇心。

　　三是善于主动思考让自己活得更加有趣。平常的工作和学习，看上去很有条理和规律，但容易给人一种习以为常的暗示，让人按部就班地把一件件事情做完，常常忽略所做事情中的那些不平凡之处。我从去年开始坚持走路上班，道路两旁此起彼伏盛开的鲜花引起了我的注意，我对它们拍照，通过查询了解这些花的基本情况，然后通过微信将我看到的、查到的相关植物资料和图片发在朋友圈里。没想到引起了很多朋友的持续关注，我也因此写出了十多万与花相关的文字。司空见惯的植物因此在我的脑海中一个个丰满了起来，我在获取了大量有关植物知识的过程中对植物的兴趣也越来越浓厚了。

想象力

　　法国哲学家狄德罗（Denis Diderot）说过，"想象，这是一种特质。没有它，一个人既不能成为诗人，也不能成为哲学家、有机智的人、有理性的动物，也就不能成其为人"。将缺少这种特质上升到了"不能成其为人"的高度，想象力的重要性可见一斑。简单地说，想象力就是在已有形象的基础上创建新形象、在已有概念之间建立联系创建新意义的能力。想象的过程，就是我们的感官从外界获取相关信息和数据之后，结合我们已有的知识，在脑海中对接收到的这些信息进行再创造，其中的一些元素会被打乱，一些数据会被重组，一些信息会重新加以整合，最后构建出我们对这些信息和数据的新形象的过程。想象是每个人平常都在做的创新活动。就拿学生来说，在课堂上学习的那些概念和规律，通常都是零碎的、点状的，相互之间存在着很多不确定的、模糊的地带。正是通过丰富的想象力，学生才能够填补知识的空白，创建属于自己的心理地图，从不确定的、模糊的状况中提取关键信息明确其意义，在增强概念、规律的相互联系的过程中强化知识的记忆。

以下几个方面的想象力是我们平时经常会用到并且要着力加以呵护的。一是将不同的事物、概念和规律联系在一起，促进新想法的生成。现在有一种流行的说法"跨界"，就有这样的意味。二是根据已有的少量信息提出对事物的合理假设和猜想，并设计验证假设的方案。研究性学习、科学探究中的猜想和假设，大多是基于想象的。三是用故事、艺术表现等方式来表达一件事情，帮助人们理解。很多教师在课堂上鼓励学生通过模仿、讲故事等多种方式演绎学习内容，其中就包含了大量的学生想象的成分。四是在移情中体验别人在活动中体验到的东西。我们常说"换位思考"，但经常会有"子非鱼，安知鱼之乐"的困惑，其实，这就是与想象力直接相关的思维活动。五是对一件事情做出战略思考，并进行阶段性的评估和反馈调整。战略性的思考，其中必然包含一定的想象的成分，实施中的评估和调整也是必然的。六是通过对记忆过程的反思和研究，促进记忆的强化和重建。想象力是对感觉不到的事物形成心理图像、类比或叙述的能力，是记忆的一种表现，也是记忆管理的一项重要功能。

带橡皮铅笔的发明

美国佛罗里达州的画家律普曼家境十分贫寒,画具很少,修改绘图用的橡皮只有一小块。一天作画时,他不小心出了一个失误,须用橡皮把它擦掉,但律普曼找了好久才找到橡皮,等到擦完准备继续画的时候,铅笔头又找不到了。这使他非常沮丧,他就想:能否改变现状呢?于是产生了拥有一支既能作画又带橡皮的铅笔的念头。带着这一想法,他仔细研究并反复实践,在多次改进设计构想,经历无数次的尝试之后,最终找到了满意的方法,就是用一块薄铁皮,将橡皮和铅笔连接在一起。后来,律普曼借钱办理了专利申请手续,并最终由一家铅笔公司购买了这项专利,价钱是55万美金。

想象力有以下一些特点。一是比较夸张。你只要看看《西游记》,看看那些科幻小说或者科幻大片,就可以理解这一点。夸张既是想象与生俱来的基本特点,又是想象的重要表现手法。想象鼓励夸张,但不鼓励胡思乱想,只有具有启发意义和创新价值的夸张才能称为想象。二是自由度高。想象力不受时空的限制,不受实验器材的约束,冲破狭小的领域,任凭思绪驰骋翱翔。三是主观性强。个人的情绪、心境和意愿等都会对想象产生直接的影响。想象是心灵的归宿,总是与内心世界最深处产生共鸣。

想象力随着年龄的变化会发生一系列改变。学龄前的儿童,主要以无意想象为主,更多的是一种幻想,想象的内容跳跃性比较大,主题不是很鲜明,给人一种凌乱之感。进入小学之后,学生的想象力逐渐转向有意想象,更注意和现实生活相联系,可操作性比较高,创造的成分逐渐增多。小学三至五年级是学生创造性想象的转折期,随着年级的增长，他们学到的知识增多，抽象思维不断发展，他们创造性想象的内容越来越丰富，也越来越新颖。三年级之后，学生想象的逻辑性有明显提高，能围绕一定的主题想象，理清一些简单的因果关系。进入中高年级后，学生的抽象思维逐渐占主导，推理能力明显提升。

爱因斯坦说："想象力比知识更重要，因为知识是有限的，而想象力概括着世界的一切，推动着进步，并且是知识进化的源泉。严格地说，想象力是科学研究中的实在因素。"在凸显想象力的重要性的同时，这句话可能会让人产生一些误解，认为知识没有想象力重要。事实上，丰富的想象力正是源自对已有知识的理解。没有接触到相应的知识，任你再天马行空地去想，很多东西也是想象不出来的。

想象力受多重因素制约。首先是孩子的个性、对想象的喜欢和热爱程度等会影响想象力的发展。有的孩子做事情有自己的主见，不随波逐流，乐于冒险，他们更可能使用不同于常规的方式来思考问题，这对想象力的发展是很有好处的；有的孩子做事则亦步亦趋，性格比较保守，不愿意越雷池一步，他们的想象力就会受到很多限制。其次是父母的教养方式对孩子的想象力也有很大的影响。如果家长善于接受孩子的与众不同，允许孩子有不同的想法，用心理解和欣赏孩子的想象力，能为孩子营造一个支持想象力发展的良好环境，孩子的想象力就会得到很好的发展。如果家长自己是一个兴趣广泛、有较强创造意识的人，潜移默化之中也会影响到孩子。最后是学校和教师营造的学习氛围。生动活泼的教学氛围，和谐的师生关系、生生关系，会让学生形成一种探索创新的心理愿望和心理趋向；反之，如果教学沉闷无聊，师生关系紧张，校园生活受各种条条框框制约太多，平时的时间被各种各样的训练挤占，学生就很难发展想象力。

创新思维

通常我们把以新颖独特的方法解决问题的思维称为创新思维。所谓"新颖独特",首先表现在看问题的视角是超常规甚至是反常规的,与众不同;其次表现在提出的解决问题的方案是新的,不走老路;再次表现在通过这样的创新实践,能给我们提供新的思考,让我们的创新思维能力有进一步的提升。

我们可以从西方科学的萌芽过程来体悟创新思维的特质。

在两千多年前,世界各地的文明普遍认为,天空在上,大地在下,大地之下还有无穷无尽的泥土来支撑整个世界。宇宙是一个密闭的盒子,天空和大地分别封住盒子的上面和下面,太阳、月亮和星辰是存在于同一片天顶上的物质实体。天顶是我们所在世界的"天花板",分布在这上面的星体与我们之间的距离是相等的。

第一个对这一宇宙观提出不同看法的,是古希腊米利都的阿那克西曼德(Anaximander)。他告诉当时的人,天体和我们之间的距离各不相同,地球就像是一颗悬在空间中的球体。大地之下没有无穷无尽的泥土,另一面依然是高高在上的天空。是阿那克西曼德首先将我们的世界、我们的宇宙从一个封闭的状态转向开放的状态。在科学史上,另一个有着如此巨大影响力的思想认识革命,应该就是哥白尼掀起的革命了。

从地球是平的,到地球是悬浮在空中的天体,这是认识上一次极大的跨越。从创新思维的角度看,阿那克西曼德对人类、对科学的重大贡献体现在以下三个方面。

一是不墨守成规,善于在学习的基础上质疑和批判,提出新的观点。阿那克西曼德是泰勒斯(Thales)的学生,面对老师留下的知识遗产,阿那克西曼德采取了一种全新的态度:他全身心投入对泰勒斯知识体系和思想的研究中，理解他主要的思想、思考方式和知识成果。同时，他也毫不犹豫地指出泰勒斯的错误和他有待提高的地方。是阿那克西曼德最先提出和实践了现代科学的基本信条：深入学习前人的理论，理解他们的知识成就，化为已有，利用获得的知识，指出错误，再进行改正，更好地理解这个世界。科学思想的力量核心其实就是对前人的假设和成果不断提出质疑。这种质疑的前提是能深入认识和理解前人成果的价值所在。

二是提出思考问题的新视角、新方法。我们知道，牛顿在解释"第一推动力"时，还将其权力赋予了上帝。一直到21世纪，依然有人从神灵的角度来解释那些科学无法解读的自然现象。阿那克西曼德最大的贡献之一，就是认为世间存在规则，规则通过必然性来控制世界。这个观点正是科学道路和科学冒险的起点。正是因为有阿那克西曼德的引导，毕达哥拉斯创造了用数学语言来表达自然规律的途径，为阿那克西曼德模糊的规律概念提供了一个清晰的形式。此后，柏拉图向天文学家提出了一个无法回避的问题："我们应该为行星匀速且整齐的运动提出何种假设，才能理解它们的视运动？"从这个问题诞生、发展出了古希腊数理天文学，哥白尼、开普勒和牛顿的科学理论，直至现代科学。西方科学在很大程度上就是在实现阿那克西曼德、毕达哥拉斯、柏拉图的研究目标，即寻求规律，特别是隐藏在表象之下的数学规律。

三是在不断丰富我们视野的同时，意识到我们的无知。科学的力量不在于它提供的确定性，而在于它让我们意识到自己的无知。科学之所以存在，是因为我们的无知，而且我们还有堆积如山的错误、偏见。科学让我们看得更远，当我们走出封闭自己的小花园的那一瞬间，才明白自己的知识是多么匮乏。科学让我们消除偏见，让我们建立和发展全新的概念工具，用更加有效的方式，在更加开放的背景下思考世界。科学知识的关键在于，不要被我们确信的一切和我们的固有认识禁锢，要时刻准备通过观察、讨论、提出新观点和新批评去不断改变它们，拥有这种能力才拥有掌握科学知识的钥匙。有人可能会问：既然科学一直处在变化中，为什么科学知识仍然值得相信呢？因为在历史长河中的每个时刻，科学对世界的描述都是当时我们所掌握的最好的一种。尽管它有待完善，但也不能掩盖一个事实——它是我们理解和思考世界的有效工具。

我们来到一座新的城市，很快会对这座城市产生一个大致印象。如果我们在这里定居，那么这座城市的形象会在脑海中不断丰富、深入，我们会发现自己对这里的某些第一印象是错误的。然后我们会继续探索这座城市，更好地了解它。我们知道有一张更完美的城市地图存在，但这并不能掩盖我们现在拥有的这张地图的价值。获得知识的过程就是指引科学发展的过程。人类身处这个宇宙，就像一个异乡人身处一座陌生的城市。我们每走一步，一个新的世界就被描绘出来。而这个描绘采用的最为重要的思维，就是创新思维。想想，这是多么激动人心的事情啊！

创新思维有以下一些本质特征。一是注重事物之间的联结，通过将看上去似乎不相干的事物联系在一起来达到出人意料的效果。二是不拘泥于常规，不轻信权威，以怀疑和批判的态度对待所研究的事物和现象。三是思维通常不是收敛的，具有发散性、开放性，尽可能接受更加多元的信息。四是逆向思维，从相反的方向寻找解决问题的最优方案和途径。欧几里得几何学的第五公理，自提出以来一直让人感到别扭，很多人都想给予严格的证明，但两千年的时间都没有成功。一直到1826年，罗巴切夫斯基（Lobachevsky）通过完全相反的思维，说明第五公理不可证明，并由此出发建立起了非欧几何，才真正解放了人们的思想，使人们对空间的认识产生了革命性的飞跃。五是把对事物各个侧面、部分和属性的本质认识统整起来，通过综合的、整体的观点来认识事物。

创新思维是一种综合性的思维,也是一种高阶思维。每个人都具有创新思维的潜质,关键在于要经常创设创新的时空,让他们在实践中体悟创新之美,感受创新思维那令人心颤的悸动。创新思维涵盖了人类生活的方方面面,归纳起来大体有五大方面。一是实体的创新。想想看,我们平常用的手机,从最初的大哥大,到模拟信号手机,再到今天的智能手机,它的功能一直持续不断地被创新和完善。家里的各种电器,生活中的很多物件,都有这样的特点。二是制度的创新。每一次的课程教学改革,背后都有相应的制度体系跟着调整和创新,以保障改革的各项举措都能得到有效落实。生活中的各类制度创新更是不胜枚举,从过去凭票供应物品,到现在用手机直接下单,就有无数的制度创新成果在其中。三是对策的创新。也就是策略和方法的创新。陶行知喂鸡的故事大家耳熟能详,逼着鸡去觅食,鸡就是不从,干脆放开它不管,它反而主动去觅食了。四是理论的创新。比如说,人类对天体的认识历程,先后经历了哥白尼的"日心说"、牛顿的万有引力定律、宇宙大爆炸理论等,每一次都是理论的创新,每一次创新都对人类的思想观念产生了极大的冲击。五是心态的创新。同样一件事情,不同的心态导致的结果可能是大相径庭的,调整好自己的心态,会为创新思维的迸发创造良好的心理准备。

培养创新思维,提高创新思维能力的具体方法主要有以下几种。一是溯本创新法。就是从追寻事物本质中创新认识,善于透过现象看到本质,从根本上把握事物及其发展规律。我们从事的工作,我们平时的生活,如果能以问题为导向,不断反思,不断追问,往往可以有新的认识、新的发现。二是想象截留法。想象包括梦想、联想、幻想等。想象力是一切创造的原动力。很多想法在我们大脑中都是转瞬即逝的,如果不能及时抓住,很有可能就一去不复返了。我们常说"好记性不如烂笔头",强调的就是把我们感兴趣的想象尽快记下来,然后再去评估它的价值。三是整体和局部结合创新法。一方面要从全局着眼,全方位、立体化和多角度地分析事物,从而得出对事物的科学认识;另一方面要把握局部的特征,在对细节的推敲中发现个性和特例。四是正反结合创新法。比如说,历史是现实和未来的一面镜子,英国历史学家汤因比(Arnold Toynbee)说,人们从"文明衰落所造成的痛苦中学得的知识可能是进步的最有效的工具"。五是逆向思维法。就是从相反的方向来思考问题。例如,通常情况下教师备课总是从目标出发,分析教学内容,设计教学流程,最后拟定课堂练习和作业。现在比较流行的备课方式正好与此相反,首先,明确这节课要得到的结果;其次,分析什么工具可以用来诊断教学是否达到预期目标,应该在什么情况下使用这些工具;再次,安排教学流程和环节。你看这种以结果为导向的备课活动,处处都体现教学中的创新思维。

万丈高楼平地起。让学生有厚实的学科基础,养成深入思考的习惯,是培养创新思维的根本保障。也只有基础学科的知识和能力夯实了,学生才有可能由此及彼地进行知识迁移,在新的领域、新的环境下加以实践、探索和应用。这就像芭蕾舞演员一样,那些世界级的表演者,哪一个不是经过严酷的基本功训练,最终才能够在这个领域脱颖而出的?他们能够根据自己的理解创造性演绎舞台人物的关键,就在于厚实的基本功的保障。没有"束缚"就没有真正的自由,创新思维领域也是如此。

创新虽然可以无中生有,但绝对不是天马行空。要培养孩子们的创新思维,要让这个社会有更多的创新人才,对教育领域的工作者来说,给他们夯实基础是最为重要的事。

思想和认识发展的破冰船

批判性思维能力已经成为当下素养概念演进中的核心概念，也是世界各国在建构核心素养体系中普遍关注的能力，因此这里单列一节讨论。

批判性思维被誉为人类思想和认识发展的破冰船，最初的起源可以追溯到苏格拉底。世界上第一个定义"批判性思维"的人是美国哲学家杜威，他在《我们如何思维》中称之为"反思性思维"。他认为，反思性思维是对观点和被认同的知识采取的主动的、持续的、仔细的思考；其方式是探究知识具备什么样的支撑，可以得出什么样的结论。

杜威认为，人之所以和物体不同，是因为人可以自我革新，而物体一成不变。物体的改变只能受到外在影响，而人自我革新的方式在于积极、主动思考。但是，主动思考不等于主动学习知识。一个知识丰富的人如果不具有把自己和知识分离开来的能力，那么跟被动的物体没有任何区别。所谓反思性思维，就是一种能够把知识当作对象反复锤炼的思维模式。对任何一个观点，具有反思性思维（批判性思维）的人的第一反应不是"我需要找到正确的理解方式"，而是会提两个问题：对方的这个观点有什么支撑？这样的支撑是否合理？能提出第二个问题非常可贵。

批判性思维的特征

1998年10月,联合国教科文组织在总部巴黎召开的世界高等教育会议上发表的《面向二十一世纪高等教育宣言:观念与行动》中,第五条的标题就是"教育方式的革新:批判性思维和创造性"。这凸显出世界各国对批判性思维的高度重视。批判性思维的主旨是关于思维的思维——当我们考量某个主意好不好的时候,我们就在进行批判性思维。养成批判性思维的习惯和提高运用批判性思维的技能会让人变得更聪慧,这两者同样重要。

国际公认的批判性思维权威、美国批判性思维国家高层理事会主席、批判性思维中心研究主任保罗(Richard Paul)认为:"批判性思维,简言之,就是通过一定的标准来评价思维,进而改善思维。"[1]

按照摩尔(Brooke Moore)和帕克(Richard Parker)合著的《批判性思维:带你走出思维的误区》一书中的定义,批判性思维就是指"审慎地运用推理去断定一个断言是否为真",是指"对我们面临的断言进行评估",其主旨是"关于思维的思维"。

上述两种定义虽然表述不同,但大体意思是相通的。批判性思维不是要自己如何做出断言,而是强调如何对自己的断言进行审视和反思,即依靠个人的理性对接收的信息和自己的断言进行再考量和再思考。其前提是要有凡事质疑的态度和对事实真相的追求精神,其基础是要具备进行逻辑推理的基本能力,其关键是要养成勇于质疑和经常反思的习惯。

---

[1] 孙果,刘如平,张婉莉,陈卿.学生发散性思维与批判性思维的测量方法[J].陕西教育学院学报,2009(9):1.

批判性思维由三个基本要素组成，分别是断言、论题和论证。

断言，就是口语或书面语传递出来的信息、表达的意见或者信念。比如说"上海是全国人口最多的城市"，这样的表述是真是假，就要通过批判性思维来检查和评估。

论题，当我们对一个断言进行审查的时候，我们就提出了一个论题。论题实际上就是"问题"。在实际生活中，重要而且往往困难的是准确识别到底什么是有问题的断言，即论题到底是什么。这是因为表达的含糊不清，其中最主要的原因有含混和模糊、歧义、过于抽象和未界定术语。

论证，简而言之，就是给一个断言的"真"提供理由。论证是由前提和结论组成的。经常用到的论证有两种：一是演绎论证，二是非演绎论证。在演绎论证中，如果前提是真的，那么结论不可能为假；在非演绎论证中，前提只是支持结论，而且在不同的情况下支持的强度可以是不同的，但前提并不证明结论。

例如，前提：所有的金属都具有导电性。铁是金属。

结论：铁具有导电性。

这就是一个演绎论证。

例如，前提：本地刮起了南风之后往往下雨。现在刮起了南风。

结论：天要下雨。

这就是一个非演绎论证。

当我们用口语或书面语表达自己的意愿（即给出一个断言）的时候，我们还要有勇气不断审视自己的断言，学习用批判性思维的方式对其检验和评估，反思和验证。这是一个批判性思维者应该具备的习惯。

由上可知，在教学中培养学生的批判性思维能力并不是一件困难的事情。教师只要将三件事情做好，就可以自然而然地将批判性思维融入平时的教学和学习活动之中。第一，让学生保持开放性的思考，让学生明白一门学科的历史是在知识不断地被颠覆的过程中逐渐丰富起来的，寻找标准答案的学习思维没有太大意义，要善于质疑，不迷信和盲从权威；第二，让学生掌握正确的思考模式，明白从断言、论题到论证的批判性思维的基本特征和思考的路径；第三，给学生提供适合的文本，让学生依据上述思维模式开展反复训练，并最终形成这样一种批判性思维的态度：不盲从专家或权威人士，对知识进行无畏的探索和质疑。在教师良好的引导下，即便是简单的文本阅读也可以让学生的批判性思维得到很大提升。

批判性思维的维度

1990年，美国哲学家协会通过的《德尔斐报告》是教育领域一项较大的研究成果。这项研究对批判性思维提出了包括认知能力和情感倾向的两个维度，这对批判性思维的发展很有意义。情感倾向维度涉及批判精神，体现批判性思维的人文性，虽属非认知范畴，但的确非常重要。英国哲学家罗素（Bertrand Russell）在其《西方的智慧》一书中说，埃及人和巴比伦人都曾为后来的希腊人提供了某些知识，却没能像希腊人一样发展出接近现代意义上的哲学和科学；是"长盛不衰的好奇心以及热烈而不带偏见的探索，使古希腊人在历史上获得了独一无二的地位"。兴趣、动机、情感和性格等非认知因素可以在批判性思维能力的运用和发展过程中起到补偿和促进作用。认知能力维度涉及批判技能，体现批判性思维的工具性。

在情感倾向维度上，批判性思维包括：①坚持任何观点都不能获得理性审判的豁免权；②推崇自主思考和独立判断，不人云亦云；③信任逻辑；④拥有好奇心与求知欲，渴望获得更加合理的解释与完满的结论；⑤不畏惧错误，乐于进行智力冒险；⑥追求真相与真理；⑦平等地对待一切观点，能直面来自他人的否定；⑧把自身置于他人立场来思考问题；⑨知道个体乃至人类所掌握的知识还有很大的局限性；等等。

在认知能力维度上，批判性思维包括：①理解并集中思考问题；②对言辞特别是歧义的言辞进行分析，对关键概念进行界定；③分析话题、结论以及理由，捕捉预设和隐藏前提；④运用多种办法判断资料的可信性；⑤识别逻辑关系，发现矛盾，进行严密的推理；⑥提出竞争观点、解释或方案并综合评估，从而确认或改进、重构原论证或方案；⑦通过对话澄清概念、辨明立场、追踪假设、改进认识；⑧对自己的思维过程进行反思和监控，并适时做出调整；等等。[①]

针对上述两个维度，国外有很多机构设计了相应的测量量表，其中有关大学生批判性思维能力的量表就有20多种，应用最广泛的有两种：沃森-格拉泽（Watson-Glaser）批判性思维测试量表和加利福尼亚批判性思维意向问卷。沃森-格拉泽批判性思维测试量表只测试批判性思维的认知能力，内容来源于日常生活中的一些中立的或有争议的问题。加利福尼亚批判性思维意向问卷测试批判性思维的情感倾向方面，包括寻求真理、思想开明、分析推理、系统性、自信、质疑和成熟等

---

① 徐飞.批判性思维的人性视角考察及教育启示[J].江苏社会科学，2019（6）：146-147.

七个因子。在美国标准学业测试（SAT）的官方指南教材中，针对SAT的阅读，美国大学理事会讲过这么几句话：SAT考试独立于美国高中课程，SAT考试面向美国大学学术能力的要求，SAT阅读测评的是批判性思维的文学与非文学的分析方法的掌握。你看，他们在检测中学生的学术水平时，也把批判性思维作为重要的检测点。相比之下，我们在批判性思维能力的测量方面，还缺少专门的测量量表和研制的标准，有关的考试中，常有一些试题说考查了学生的批判性思维能力，但大多语焉不详，是基于个人理解的情况下做出的一些判断。

批判性思维的培养

那么，如何培养学生的批判性思维能力呢？大量的研究表明，人类的思维是有基本结构的，共由以下八个元素组成。

事物：准备要探究的事物，包括数据、事实、信息等。

目的：探究事物的动机。

问题：起点与终点之间的差距。要达到目的，总会有一些需要解决的问题。

假设：对事物的最初判断（最初感觉）。

概念：用来解释事物的一些概念。

推理：使用概念、假设等针对问题和目标进行的推断和思考，并得出结论的过程。

结果：对事物做解读之后得出的东西。

观点：由此形成的对事物的新认识、新观点。

不管是什么国家的公民，不管有怎样的宗教信仰，人们在思考的过程中，这些思维的基本元素都是一样的。

批判性思维的核心任务就是对思维过程中的这八个元素进行审视

和反思，其中"推理"这个元素尤其重要。推理是人类思维的核心任务，其他元素都是辅助推理的。明白了这些，教师在教学的过程中，就可以因地制宜地选择恰当的教学素材，有效设计教学流程，培养学生的批判性思维能力。

杜威认为，学习就是要学会思维，思维的最好方式就是反思性思维（批判性思维），对于任何信念或者假设性的知识，按照其依据的理由和进一步得出的结论，去进行主动的、持续的和周密的思考，就形成了反思性思维。具有批判性思维能力的人，会心甘情愿地经受疑难的困惑，不辞辛劳地进行探究，绝不会在遇到一个问题时不假思索地相信别人或者匆忙地得出结论。

还有人分析了理想的批判性思维者通常具备的特质：勤学好问、信息灵通、信赖理智、胸怀宽广、适应性强、公正评价、诚实对待个人偏见、谨慎判断、乐于再三斟酌、头脑清醒、在复杂的事物中有条不紊、不懈查找相关信息、理性地选择判断标准、专注于探究、坚持不懈地寻求学科和探究所允许的精确结果。这也为我们培养批判性思维提供了路径。

哈佛大学的标志是三本书——两本朝上打开，一本朝下盖着。这个标志告诉师生：书本传播了知识和真理，同时书本中也有谬误，因此哈佛的师生都要不唯书，不唯上。这所学校追求的就是师生的批判性思维。

第三辑
锻造必备品格

在有限的时间里做最有价值的事情
管理自我，从做心性坚定的人开始
所谓公德心，就是时刻替别人着想
责任面前，不做置身事外的旁观者

———

很多单位在招聘人才时，学历和工作能力固然是考量的依据，但更看重的是应聘者的职业道德、可靠度、自律性、毅力、责任感、沟通及应变能力等，这些都是品格的重要组成部分。所谓品格，指的是个体的人品和做事方式，是个体道德素养的核心。品格决定个体回应人生处境的模式。

品格有高低之分。所谓必备品格，指向的是人的正面人格，如公义、慈爱、无私、善良等。品格往往在重大的时刻表现出来，但品格的形成却源自平时的教育，源自人们对自己道德修养的持续锤炼。人在面对事情时的价值判断，在处理与自我关系时的自控力，在处理与他人关系时的公德心，在处理与社会和事物关系时的责任道德之心，共同组成必备品格的核心。

———

在有限的时间里做最有价值的事情

人在待人处事的过程中,总是不断地进行判断和选择。从出门前依据天气情况选择穿的衣服,到遇到不同的人采取的对应态度;从就餐时吃什么,到哪些事情优先处置,都是判断和选择的过程。

判断可分为事实判断和价值判断。事实判断是一种描述性的判断,是关于所描述的对象是什么的判断,是客观存在的,不以人的意志为转移的。比如说,珠穆朗玛峰的高度、地球同步卫星的轨道半径、地球的自转方向,等等。价值判断则是一种主观性的判断,是人们将自己的价值观或判断准则依附在相应的客观事物上所形成的判断。某小伙儿身高185厘米,这是一个事实判断,不少女性看到他,都会产生"他好高啊"的判断,但在篮球教练的眼中,他可一点儿也不高。这是因为那些女性和篮球教练选定的参照物不一样,他们的判断都是价值判断。

教师在备课和上课的过程中,因为有教学任务、教学进程等的要求,在很多时候比较关注事实判断,即让学生明白各种各样客观存在的事实,以及怎样用科学、做实验和观察等方法来检验这些事实的客观性,但往往对价值判断关注得不够。比如,在选择教学内容时,比较多地关注课程标准和教材呈现的知识,常把没有遗漏知识点作为判断标准。问题是现在的学科知识是以指数的方式在增长的,每一天产生的新知识,一个人穷尽一辈子的时间都不可能学完。对一个人来说,最有价值的知识是那些具有结构性的,或者有助于建立联系的知识,这些知识才应该是教师选择教学内容时要特别关注的。

价值判断，是对事物是否重要以及重要程度做的判断，是对事物做的主观评价，主要包括好坏、意义和重要程度等方面。价值判断是建立在思维深度参与的基础之上的，要求拥有批判、怀疑、反思和修正等明辨性思维，不轻易全盘接受别人传递过来的信息，要善于把握细节、严谨思考，通过求证、思辨等逐渐明晰问题和思路；要求拥有辩证性思维，运用批判性思维来支持自己的观点并指出他人立场的不足，或者放弃自己经受不起批判的观点，整合他人立场中有价值的观点，从而提出一种更为完善的或更为正确的观点；要求拥有创造性思维，通过积极的求异性、敏锐的洞察力、创造性的想象、活跃的灵感和新颖的表述阐述自己的观点和主张。

在教育实践中，教师要提升学生价值判断的能力和水平，可以从事情的重要性、思维的深刻性和知识的不确定性等方面加以引导和培养。

事情的重要性

在生活和学习中，事实判断和价值判断都是需要的。事实判断常常以"对"或"错"为标准，是对真理的追求；价值判断常常是对某一事物"重要"或"不重要"的程度做出估计和评价，反映一个人对事物整体的理解程度和对关键问题的把握能力。创新型人才的一个显著特征，就是善于对事物的重要性做出价值判断。

确定事情的重要性，是一种被严重低估的能力。很多人整天忙忙碌碌，似乎有干不完的事情，却始终碌碌无为，什么事情也没有干成。这与在工作和学习过程中"胡子眉毛一把抓"，不分轻重缓急是有很大关系的。

判断一件事情是否重要，可以借鉴美国管理学家史蒂芬·柯维（Stephen Covey）提出的时间管理"四象限法则"。柯维把要做的事情按照"重要"和"紧急"两个不同程度做了划分，重要是指做这件事情的价值和意义，紧急则是指做这件事情剩余的时间有限。依据这两个要素，可以将不同的事情分解到四个象限上：既重要又紧急的事情、重要但不紧急的事情、不重要但紧急的事情和既不重要也不紧急的事情（见图3-1）。

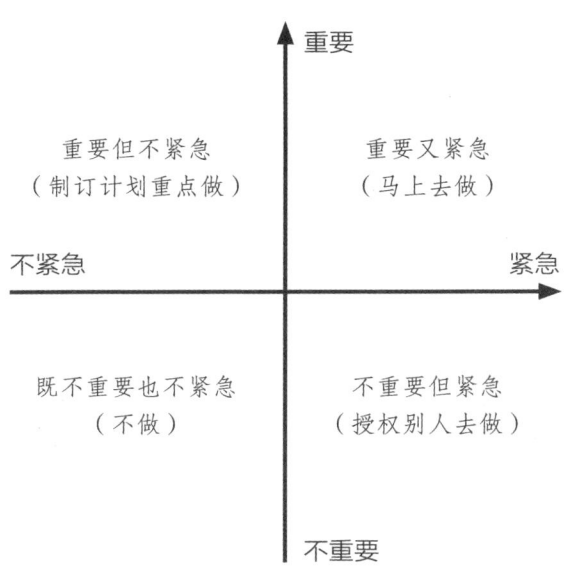

图3-1　史蒂芬·柯维的时间管理"四象限法则"

重要又紧急的事情，必须立即去做。这样的事情如果没有做好，往往会给自己的生活、工作或学习带来很大麻烦。

重要但不紧急的事，要有计划重点去做。对于这类事情，需要做一个比较细致的规划，然后按照规划设定的路线图，一步步地去加以落实。在平时，要将80%左右的精力放在这类事情的处理上，在这方面做得越好，就越容易减轻自己做那些重要又紧急的事情的压力。很多时候，重要又紧急的事情之所以会有很多，就是因为没有把重要但不紧急的事情做好，让其转化为重要又紧急的事情。

不重要但紧急的事，尽量少做，如果有可能的话，最好委托给别人去做。这里要特别注意区分"紧急"和"重要"这两个概念，不要因为它紧急就把它错当成重要的事情，在这方面花费很多时间，会得不偿失。

既不重要也不紧急的事情，完全不要去做。

每个人的时间都是一样的，怎样才能在有限的时间里做更多有效的事情？答案就是，永远做重要但不紧急的事。

2016年11月17日，在美国举行的通信会议中，华为Polar被确定为5G控制信道短码编码方案，在世界通信领域走出了坚实的一步。这与华为人始终坚持做重要的、有意义的事情是有很大关系的。

任正非说，华为永远不在非战略机会点上消耗战略性资源。而战略机会点就是对企业发展具有长远意义、价值的事情。华为提出的这个5G控制信道短码编码方案，来源于2008年阿勒坎（Erdal Arikan）教授的一篇数学论文。要知道，数学领域每年都有几万篇的学术论文，要从这里面找寻出一篇有价值的、重要的论文并加以研究和运用，这种眼光非同寻常，这也很好地诠释了华为对战略领域的重视，以及对相关文献价值以及重要性的判断。

一件事情是否重要，一般情况下可以从以下几个角度来判断：这件事是否和我们的愿景、核心目标一致？是否聚焦了关键问题和瓶颈？是否能优化当下的流程，让团队工作的效率得到进一步提升？在具体问题的处置中，个体的直觉、对事物本质的把握以及对事物发展的敏感性等，也会发挥很重要的作用。

思维的深刻性

前面提到，价值判断是建立在思维深度参与的基础之上的，与思维品质有密切的关系，思维的深刻性就是思维品质中的一种。思维的深刻性是指思维活动的抽象程度和逻辑水平，涉及思维活动的广度、深度和难度。它集中表现在善于透过现象和外部联系，揭示事物的本质和规律，善于预见事物的发展进程。

思维的深刻性体现在三个方面。

一是透过现象看到事物的本质。就拿感冒来说，患者表现出来的症状一般是头痛、发烧、鼻塞和流鼻涕等，但引起感冒的原因可能是病毒，也可能是细菌。很多人家里常备预防感冒的药物，感到自己不舒服的时候就赶紧服药，但有时候服了很多药却没有效果，主要原因就是药不对症，没有抓住感冒的本质对症下药。事物的本质往往隐含在现象的后面，甚至还会包裹层层的面纱。思维的深刻性要求能够透过表面现象向事物内部深处挖掘，经过综合分析，去粗取精，去伪存真，由表及里，从而发现埋藏在现象背后的本质属性。这种思维具有鲜明的穿透力和透视能力，既能够追根溯源，把握事物的根本属性，又能够预见未来，产生新的见解。

二是透过变化发展过程认识事物的规律。我们在透过现象看本质的同时，事物的变化过程也会逐渐呈现在我们面前。如果说现象是果，那么本质就是因，因和果之间具有必然的、内在的联系，这个联系往往呈现出规律性的东西。比如说，我们看到的自然界中存在五彩缤纷的色彩，就是现象；所有这些色彩都是可见光，这是色彩的本质。为什么会有颜色不同的光呢？这是因为光的颜色和可见光的频率之间有一一对应的关系，按照频率由低到高依次排列为红、橙、黄、绿、青、蓝、紫……这就是现象和本质之间内在的、必然的联系和规律。只有认识了事物的发展规律，我们才能更加有效地预见未来。

三是从现象到本质的层级结构中认识事物的关系。事物的不同部分、不同层级之间存在着错综复杂的关系，它们既相互联系又相互制约，最终体现为时间发展方向上的关联性和延续性。这些关系对理解事物的本质、明晰其内在的规律有重要的意义。有的时候，我们觉得已经发现了规律，但总是发现有例外的情况出现，这就是因为我们对它们相互之间的关系还没有完全梳理清晰，对它们的相互作用还没有做到全方位的了解。要把一个事物彻底认识清楚，需要进行深刻思维，使思维本身也达到一定的层次和深度。

思维的深刻性取决于我们平时的思维习惯，这是需要经过长时间的思维磨炼和实践检验，在不断积累的过程中逐渐形成的，是在解决具有挑战性的问题、复杂疑难的问题的过程中锻炼出来的。

知识的不确定性

生活和工作中有很多事情是确定的，就像数学中的"1＋1＝2"；就像各种比赛和竞技项目，一定要分出冠亚军来；就像我们平常做的工作，每年要做哪些事情，甚至每天要做些什么事情，都是一清二楚的。因为有这样的确定感，我们就会感到安全和自在，在工作和生活的过程中一般不会有太大的压力。当然，如果你整天做的都是确定的事情，面对的都是你熟知的工作和生活，始终处在非常安全的环境下过好自己的每一天，等到你老了，和别人聊天的时候，说的依然是几十年一成不变的话，用的是几十年一成不变的逻辑思考，将自己的一生过成了一天，那该是多么的无趣、无聊啊！

在生活和工作中也有很多事情是不确定的。就像天气预报说明天是晴天，却下了一天的雨，把你的活动计划全部打乱；就像你计划外出,已经把日程全部安排好,并且在机场等着起飞,飞机却出于某种原因走不了,让你急得抓耳挠腮却无计可施;或者突然接到了一项重要任务,限时限刻要求完成,而你对这件事情却知之甚少,不知道该如何去处置……人的一生为什么会如此精彩,会有很多瞬间让你久久难忘,与你在工作和生活中遇到了不确定的事情,给了你别样的感受和体会是有密切关系的。

就拿旅游来说吧,有人说,"旅游就是从自己活腻歪的地方,到别人活腻歪的地方去游览"。这句话虽然不怎么好听,但还是很值得品味的。所谓"活腻歪",就是生活中有太多的确定性,一成不变地做自己熟悉的事情,过自己熟悉的生活。而到自己不熟悉的环境里去走一走、看一看,给自己的生活增加一点儿不确定性,生活的意义就变得更加丰富了。说起旅游,最让人敬佩的是那些不走寻常路、崇尚野外探险的徒步爱好者。多变的气候,复杂的地理环境,随时出没的野兽,意料之外的困难,使得他们前行的每一步都充满了不确定性,也让他们的旅程成为跋山涉水的英雄之旅。正是这种不确定性,让他们对整个行程充满了兴奋,跃跃欲试。

人的学习和人对好奇事物的探究,很有点儿类似于徒步爱好者,整个过程充满不确定性,所以才时时让人心旌荡漾,那种柳暗花明、豁然开朗的巅峰体验,更是让人向往不已。这其实就是学习、探索的价值所在。所有学科的发展,经历的也是这样的过程。

我们都希望在一个确定性的世界或者环境里生活,这样自己才会有安全感。但未来世界一个重要特点就是不确定性。想想看,有多少人在十年前预测到了今天的科技发展,预测到了互联网、大数据和人工智能对人类生活方式的颠覆?不仅你我没有准确地预测到,相关领域内的那些行家里手也没能在十年前做出准确的判断。没有人能够预测未来,这就是我们必须面对的现实。有很多常用的词语,比如说"谋定而后动",比如说"不打无准备之仗",与之相对应的思维方式和管理策略,在面对不可预测的未来时或许会遇到很大挑战。

确定性和不确定性对我们的生活和工作来说都是有价值的。确定性带来安全感,不确定性则产生价值感、意义感;确定性让人踏实,而不确定性则让人产生生命成长的驱动力;确定性有助于对工作和生活的守成,而不确定性则有助于创新发展。要让自己的工作和生活更加富有意义,更加有乐趣,就需要在确定性的基础上,多一些不确定性。

确定性和不确定性也不是一成不变的,可以相互转化。就拿教师来说,一块黑板两支粉笔,是很多教师教学的常态,具有确定性的意义。但随着信息技术与学科教学的不断融合,各种多媒体设备逐渐走入教室,成了教室的基本配置,教师原本的确定性被打破了;有一些原本不确定性的事物,随着我们对它们的探究和认识的逐渐深入,也会走向确定。

在生活、学习和工作中,以积极的心态拥抱不确定性,会让我们的人生变得更加多姿多彩。

管理自我，从做心性坚定的人开始

什么样的个人品质最能预示一个人未来会成功？心理学家对此做了大量研究，结果表明，有两个因素最为重要：一个是智力，另一个是自制力。不过到目前为止，研究者仍然不知道该采用什么样的方式永久性地提高人的智力，但他们却发现了提高自制力的方法。

所谓自制力，就是一个人控制自己思想感情和举止行为的能力。其本质是做出选择的能力，其核心是运用理智判断去做重要事情的能力。也就是说，一个有自制力的人，清楚自己到底需要什么，自己的长期目标是什么，然后通过延迟短期的欲望，不惜一切代价，去完成自己的长期目标。

自制力有以下三种表现。

一是"我要"。有一些事情是自己不想去做的，但知道只有做下去才能提高自己的生活品质，于是心智就会产生"我要"的力量，促使自己将这些事情做好。比如说那些演奏乐器的高手，在很小的时候就开始持之以恒地反复操练，他们也想像其他同龄人那样自由自在地玩耍，但同时也明白不付出努力和汗水，就不会有收获。以至到最后，那些音乐大师和普通人在脑神经的组织上都有很明显的区别，这就是"我要"的力量。

二是"我不能"。人或多或少都有一些不良习惯，或者说"顽疾"，在消耗自己的生命，损害自己的健康和幸福，并阻止自己通向成功。面对这些坏毛病，需要使用"我不能"的力量，不断地改变自己。

其中一个最经典的案例就是富兰克林（Benjamin Franklin）了。富兰克林在青年时代曾经下决心"克服一切坏的自然倾向、习惯或伙伴的诱惑"。他给自己制订了一个包括十三项内容的道德计划，逐项加以落实。比如，为了矫正闲谈和说笑话的习惯，他列了"沉默"一条，要求自己做到："除非于人于己有利之言谈，避免琐屑的谈话。"后来有一位朋友说他常常显露骄傲，于是他又把"谦逊"加入表中。他晚年撰写自传时，曾经谈起青年时代锻炼自制力的计划，认为他的成绩应归功于节制。

三是"我想"。每个人都有自身发展的愿景，但常常因为眼前各种事物的诱惑而让自己偏离发展的轨道，到最终一事无成。那些具有自制力的人，始终放眼未来，平时能够调动心智中"我想"的力量来让自己认清局势，明晰愿景，并做出正确的选择。

自制力对一个人走向成功起着十分重要的作用。从古希腊百科全书式的科学家亚里士多德，到近代的哲学家，他们都在不断提醒人们：美好的人生就建立在自我控制的基础上。

自制力的源头是意志力，自制力的养成必须有明确的规则加以约束，培养自制力的关键在于养成良好的习惯。

意志力

著名的"棉花糖实验"是揭示意志力存在的具有典型意义的实验。20世纪六七十年代，斯坦福大学教授沃尔特·米歇尔（Walter Mischel）找来600多个4岁的孩子做了这个实验。实验开始时，他在每个孩子面前放一块棉花糖，并且告诉他们，如果不立刻吃掉这块糖，过一会儿他们就可以再得到另一块糖作为奖励。大人离开房间后，有的孩子立刻就吃掉了糖，有的孩子坚持了几分钟吃掉了糖。15分钟后，实验人员回到房间，发现大约每三个孩子里，有一个孩子坚持住没吃糖。在这个过程中，他们会用唱歌、蒙住自己的眼睛或者踢桌子等方式来分散自己的注意力。实验人员跟踪了这些孩子的发展轨迹，发现那 1/3 忍住没吃糖的孩子，长大后人际关系和学习成绩，都比那些没忍住的孩子更优秀。2010 年，一个国际团队也发表了自己的一项长期研究结果。他们在新西兰选取了 1000 名儿童，从他们出生一直跟踪到 32 岁，发现意志力强的孩子长大成人之后身体更健康，患肥胖症的概率更小，婚姻更稳定。他们得出结论：意志力是至关重要的力量，是人生成功的一个关键因素。

人为什么需要意志力？科学家对此做了很多研究，发现主要是为了应对社会环境。灵长类动物大多是群居的，要与同类相安无事，最好的办法就是学会控制自己。当你不是一个群体的主宰时，要学会凡事先让领头的选择，自己按在群体中的地位依次排队，以免让自己在社交场合上出丑。有意识地学会自我控制，才能让自己保住健康，保住事业，不会被所在的群体抛弃。

鲍迈斯特（Roy F. Baumeister）等人研究发现，人的意志力主要用在四个方面：一是控制思维，让自己保持专注；二是控制情绪，极力摆脱那些坏心情或者不愉快的念头；三是控制冲动，提升抵御诱惑的能力，让自己不贸然行动；四是控制表现、绩效和成绩，把主要的精力集中在当下。[1]

鲍迈斯特在研究中还发现，意志力不仅存在，而且像人的肌肉那样，过度使用就会疲劳，长期锻炼就会加强。这句话有两层意思。

---

[1] 鲍迈斯特, 蒂尔尼. 意志力：关于自控、专注和效率的心理学 [M]. 丁丹, 译. 北京：中信出版集团, 2017: 42-43.

第一层意思是说意志力的总量是有限的，正如你钱包里的钞票一样，意志力也是一种稀缺资源。你不能指望自己在任何时候都运用意志力保持头脑清晰，举止得体，情绪控制良好。如果你白天在单位里压力太大，运用意志力让自己保持思想集中，将几乎所有的意志力都消耗完了，晚上回家就容易和老婆吵架。所谓"上班受气，下班踢狗"，就是这个道理。

如果你睡了一个好觉，早晨起床就会感到精神饱满，斗志昂扬，因为经过一夜的休息和调整，你已经积累了满满的意志力。在接下来的一天时间里，你将通过各种方式来逐渐损耗你的意志力。你做的任何一个选择和决定，看上去各种无关的琐事，都会从你身体内部的同一个账户中提取意志力。如果你缺少定力，总是在一些事情上左右摇摆，很快就会让自己筋疲力尽，又一事无成。冒险也会消耗意志力。各种广告频繁使用美女的图片，就是因为哪怕仅仅是美女照片，都能降低男人的意志力。如果你自己急着想要去做某件事情却出于各种原因无法去做，那你就要付出更多的毅力来约束自己，意志力的损耗就更快了。

一旦你在A事情上消耗了过多意志力，那么你在B事情上就会力不从心，难以自控。这方面的例子很多。前面所说的上班压力过大，回家和家人吵架就是典型的事例。再比方说一到考试季，学生因为要将更多的精力用在备考上，个人生活就会比较马虎，穿着比较邋遢不说，脏衣服、臭袜子也会到处乱堆，宿舍卫生也会一塌糊涂。又比如，你逛街买东西，走了很长时间都没有做出决定，消耗了大量的意志力，到最后你就有可能草率地下单，购买一件自己并不是最心仪的、价格也可能偏贵的衣服回来。在意志力快消耗殆尽的时候做出的重要决定，往往会让你后悔半天。

第二层意思是说意志力是可以培养并得到增强的。其中一个短平快的途径就是补充葡萄糖。研究人员偶然发现，如果在实验过程中给受试者喝一点儿含糖的饮料，比如果汁，他们的意志力就会增加。当然必须用真正的糖，甜味替代品没用。随着体内葡萄糖含量的上升，人情绪会比较稳定，做事情也更有耐心。含有葡萄糖的甜食，能够迅速提升人的意志力。我原来在安徽做教师的时候，每到高考，都让学生准备一些葡萄糖口服液，让他们在进考场之前喝下去。当时的想法是以此来提高能量，确保大脑的供氧量充足。现在看来这样做还有提升学生意志力的效应呢。

如果经常参加专业研讨之类的会议，不难发现组织者通常会在会议中间安排一次茶歇，目的之一就是让与会者在紧张的脑力劳动之后吃点儿含有葡萄糖的食物，在补充能量的同时提升他们的意志力，以便能够精神饱满地完成会议的既定目标。

意志力主要来自我们吃进去的食物，以及从这些食物中提取的葡萄糖。明白了这一点，我们可以做很多的有助于提升意志力的事情。比如，如果你的朋友正在和你吵架，你不妨带他去吃点儿蛋糕、巧克力之类的甜食，在哄其开心的同时，还可以帮其补充葡萄糖，稳定情绪。当然，多吃甜食也会带来另一个问题，那就是一旦上瘾，养成了暴食暴饮的习惯，不仅会带来肥胖等一系列令人烦恼的问题，时间长了还会导致一系列疾病的发生，这是要设法避免的。

除了补充葡萄糖之外，加强自我监控、养成良好的习惯等，也会提升一个人的意志力。

自我约束

自我约束的核心是要有规则意识。规则是人工作、学习以及待人接物的底线，在规则允许的范围内，人的一切活动都是自由的；而一旦触碰了底线，必须受到制约甚至惩罚。一个人如果有了清晰的规则意识，就会有安全感。在规则始终统一并明确的前提下，人的自控力会得到有效的发展。

把下面三件事情做好，可以有效提升自我约束的能力。

一是给自己设置清晰的目标。如果没有清晰的目标，人就会像无头苍蝇那样，看上去忙得不行，其实什么也做不好。当然，对大部分人来说，主要的问题不是没有目标，而是目标太多。随着新年钟声敲响，很多人新的一年的奋斗目标也拟定好了，但那罗列出来的长长的目标清单，常会让自己不知道从哪里入手，等到一年过去回过头来再看，会发现很多目标都落了空。目标不能太多，太多的目标不仅难以实现，还容易导致相互之间的冲突，一旦冲突成为现实，自己就会愁得多，做得少，抱怨和烦恼也如影随形。制定一到两个目标，自己紧紧抓住不放，既可以提升工作的专注力，又可以养成坚持不懈的好习惯，还能轻轻松松地实现预期，一举多得。目标确立之后，要有跟进的实施计划，这个计划也不能太烦琐和细致。比如，把每天的时间和任务都安排得非常满，一旦有些突发的事情要处理，就会让自己的计划泡汤，让自己心里很不爽。要善于在长期与短期、精确与模糊的目标和计划之间求得平衡。

也就是说，给自己制定目标并非让你把各种欲望都排除在外，过着类似苦行僧一般的生活，而是要理智地去思考，自己到底需要的是什么，始终明确自己的长期目标。面对各种诱惑和自身的欲望，能够理性地用自己的长远目标来克制，体现的就是人的自控力，也是人自律的表现。

二是要制定简单明了的规则。要让自己的行为受到监控，就必须在一定的规则下进行。当自己始终按照既定的规则来做事时，就会养成良好的习惯，好习惯可以降低意志力的消耗。面对一项必须完成的工作任务，不要总想着拖到最后一刻再去做，只要这件事情还没有完成，心里就会一直惦念，惦念就必然带来意志力的不断损耗，所以，积极主动地完成每一件事情，尽早让大脑清零，就是做事的基本规则。面对各种诱惑的时候，要尽量选择延迟满足。比如说，在做事的时候边上有几块巧克力，或者有一个心仪的节目等着你，就要提醒自己做完事情再去品尝或者日后再看。将那些不利于自己的诱惑往后拖延，也许最后就不需要去做了。面对诱惑的积极拖延、延迟满足也是一个基本规则。此外还有很多，大家可以结合自己的实际来拟定。

马卡连柯认为，纪律和自由两者对立统一，纪律就是自由。在当今时代，很多人反对约束，崇尚自由，讲究随心所欲，及时行乐，对那些整天保持自律的人抱着难以理解的心态。岂不知，自由的本质不是放纵自己，不是无所不为，而是在规则范围之内的舒畅，是有所为，有所不为！平时不懂得约束自己的人，看上去是自由的，但很快就会发现自己越活越没有自由，没有选择的资本。越是自律的人越明白自己真正想要的是什么，所以才不会把时间和精力白白浪费在无意义的事情上，而是真的把碎片化的时间都利用起来成长自己。我们往往会在出类拔萃的优秀人物身上发现他们惊人的自我约束能力，以为是他们优秀才自律，其实恰恰相反，是因为他们自律才变得优秀的。优秀者更容易理解约束与自由、自律和优秀之间的关系，在自己成为优秀者后，会更加努力严以律己。人生没有近路可走，要想成为优秀者，必须从自律开始。越自律，越优秀。

外加的约束和严格的要求，容易让人产生强烈的抵触情绪，就像弹簧一样，施加的压力越大，一旦松手后反弹得就越厉害。很多孩子在家长、老师面前是乖孩子，可一旦离开了他们的视野就变得非常狂野，甚或到了让人不敢相认的地步，这就是外加的约束力量太强的缘故。只有学会自我约束，人才有可能养成自控的习惯，并形成自制力。

要通过自我反思来加强自我监控。每天对自己的行为进行记录并加以反思，用量化自我的方式来提升自我意志，审视自己的自我约束状况，是一种很有效的方法。一个人在成长的过程中，不可能总是一帆风顺的，总会有磕磕绊绊，经历这样或者那样的事，获得各不相同的经验，这些都是人生的组成部分。但有自制力的人，其与众不同之处，就在于能够及时反思，不断总结，从失败中吸取教训，从成功中提取经验，从而让自己不断走向新的成功。

三是经常给予自我奖励。自己制定的目标有了进展，或者在规定的时间内顺利完成，就要给自己一些奖励，让自己更好地体验成就感。无论是大人还是孩子，都喜欢玩游戏，其中一个重要的原因就是游戏的及时反馈和奖励机制。只要你参与游戏，就能体会到那种经常有小奖、偶尔有大奖的乐趣，即使在游戏中犯了错误、输了战斗、丢了性命，玩家也有很高的动机，因为游戏的重点是奖励而不是惩罚。玩家并没有因此觉得自己失败了，只是觉得尚未成功。如果你已经为自己确定了努力的目标，不妨再附上奖励的举措，让自己的努力更有意义吧！

大脑的奖励机制涉及进化的底层动力。大脑某些部位通过分泌化学物质（比如多巴胺），让人得到快感，从而激励人去做某些事。但人的大脑也是有缺陷的。有些物质，能直接刺激大脑，从而得到奖励。比如说，香烟通过肺部吸收，进入血液，然后直达大脑的奖励系统，让人产生愉悦的感觉。鸦片、吗啡以及可卡因，会使这种愉悦感成百上千倍地增加。一旦人体尝到了这种简单粗暴的奖励的甜头，就很容易沉迷其中，渐渐产生依赖。在这种情况下，大脑的奖励机制就无法驱使人去做一些有难度而有利于自律的事情了。所以，在选择奖励的物品和方式时，也要有所考虑，不要误入歧途。

培养微习惯

"微"就是小的意思。培养习惯为什么要从微小的习惯开始呢？我们还是先从大脑的工作机制说起吧。

每个人平常的各种行为中，有大约45%的行为是自动完成的，不需要经过思考。大脑的潜意识喜欢效率，这就是我们能养成习惯的原因。当你重复某个行为一段时间后，大脑就能自动完成这个过程了。

习惯在大脑中的长相其实就是神经通路。它的工作机制是这样的：一旦某个习惯指定的神经通路被一个想法或外部信号触发，与之相关的神经元就会沿着这条通路放电，然后你就会产生想进行这项习惯行为的强烈欲望。神经通路有"用进废退"的特点，如果你经常使用这条通路，这条通路就会始终保持；如果你一段时间不用，它也就慢慢退化了。这就像平常我们看到的道路，人来车往比较繁忙的道路，会有很多人来维护保持其畅通；而那些很少有人走的路，慢慢地就杂草丛生辨认不出来了。换句话说，要想形成习惯，就必须建立并强化特定的神经通路，就需要不断重复。这说起来容易，但我们必须突破人类与生俱来的限制因素才能做到。

斯蒂芬·盖斯（Stephen Guise）在《微习惯：简单到不可能失败的自我管理法则》一书中告诉我们，人的习惯的养成，与大脑中的基底神经节、前额皮层这两个组织有关。

基底神经节，是大脑皮层下一大块灰质的总称，具有重要的运动调节功能，负责管理那些已经形成稳定习惯的运动形式，在习惯的形成和程序性学习中起核心作用。它会找到长期维持某种状态的方法，会识别并重复模式，直到接收到不同的新指令。它通过高效率地重复某种模式，以节省意志力。

前额皮层在人的抽象规则的认知、工作记忆、注意力调控，以及行为的计划和策略、思维和推理等功能中起着关键性的作用，负责制定决策、执行计划、调节行为等一系列管理活动。你要想建立一个新习惯，首先要让前额皮层产生这样的意愿，其次要让大脑的其他部分喜欢上前额皮层想要的东西。

总体上说，习惯的养成在大脑内部是由执行决策和进行自动行为模式识别的两部分组成的系统。前额皮层的管理功能相当活跃，反应灵敏，但同时也消耗大量的意志力。基底神经节的自动功能不仅强大，而且效率高。它能节省意志力，无须持续监督就能处理各种任务。

要想养成一个好习惯是前额皮层做出的决策，但它总是要建立在克服自己已有的、令人不满意的甚至是不良的某些习惯的基础上的，而这些已有的习惯是由基底神经节来掌控的。如果对已有习惯的改变动静过大，基底神经节为了保持已有的习惯，就会调动更多的资源来做出反抗。反之，改变已有习惯的动静越小，遭受的反抗力量也就越小。日积月累，慢慢地，基底神经节就在不知不觉之中被你改造了，将一个新习惯的模式植入了它的操作体系之中。

需要注意的，是脑天生抵触变化，而且对抗变化的阻力常会在两个特定时刻出现。一是行动之前。万事开头难，如果第一个动作就很复杂，要想持续下去几乎是不可能的。二是继续行动的过程中。你可以骗过基底神经节，让它不抵触第一步，可是当你试图继续行动时，它还是会知道第一步的目标是什么。基底神经节不屑于"防御"微步骤，它只会对抗剧烈变化。通过慢慢变化，而且一次只迈进一小步，你就可以按照大脑的规则行动了。"一小步＋想做的事＝较高的进一步行动的可能性"，这就是微习惯更容易养成的缘由。

所谓习惯，就是一种常见的行为方式，即一个人以规律、重复的方式做的事。一个人要强身健体，每天坚持做 100 个俯卧撑，而且长年不懈，这就是一种习惯。你从他的身体状况和行为习惯中看到了锻炼的好处，决定也要锻炼，每天做100个俯卧撑，相信坚持不了几天，你可能就会不了了之了。

一个原来没有坚持锻炼的人，做100个俯卧撑是一件极具挑战的事情，这无论对人的身体还是意志力都带来很大的挑战。一个要想成为习惯的事情，全部靠意志力来支撑是完全不牢靠的。如果你换一个方法，每天坚持做一个俯卧撑，是否可以保证做到？

将目标放小之后，你会发现实现起来太容易了，而且完全没有挑战性。注意：这恰恰是培养一个习惯最为重要的一点。因为太容易实现，所以不需要激情，不需要动力，也不需要意志力，完全可以在一个人正常生活的状态下来完成此事。我们常说，习惯成自然，只有在这样自然的状态下做的各种事情，才最有可能成为生活习惯。

把目标放小，还有一个很重要的价值，就是容易让你付诸行动。目标太大，你会迟迟不愿意去做，有畏难的情绪在作怪；当目标变得非常具体和微小时，你的这些情绪也就不大可能存在了。你不仅乐意去做，而且常常会多做一些，让自己体验超额完成任务的快乐。请注意：你不要轻易给自己增加目标值，就让它始终保持这样的微小，这样你每天都可以做到，每天也都可以感受那超出目标的快感。万一有的时候工作任务繁重，做不了很多，但每天做一个俯卧撑还是绝对可以保证的，即便自己已经爬上了床在睡觉之前都可以完成。也许经过一段时间的坚持后，你真的可以做很多，每天已经能够做100个以上的俯卧撑了，但也不要轻易把目标调高。

养成好习惯的最大好处，就是一方面可以通过一个个习惯的养成来培养意志力，另一方面让你在做事的过程中不用太消耗意志力。当你养成每天早上起来晨练的习惯，早起就不会那么纠结，省掉了意志力的损耗。一件事一旦形成自动挡，对意志力的损耗就会比较小。这其实就是让意志力增值的好途径。日本作家村上春树从30岁开始写作，至今已创作出了大量的作品，经典又高产。他在写作的时候有个习惯，就是每天写4000字，风雨无阻。村上春树还是一位跑步爱好者，他从33岁开始坚持每天跑步，迄今已跑了30多年，曾用3小时27分跑出自己的马拉松最佳成绩，并且每年至少参加一次全程马拉松。可以说，跑步在他的创作生涯中起到了很大作用。为了总结自己的跑步心路历程，他出版了《当我谈跑步时我谈些什么》的散文集，寻找自己跑步的意义。正如他说的："我写小说的许多方法，是每天清晨沿着道路跑步时学到的。"

坚持不懈

要培养自制力，养成好习惯，最需要依赖的是坚持。很多教师在教学实践中，常常把激发学生的学习动力，调动他们的学习热情作为培养他们学习习惯的策略，这是需要深思的。

动力是一种能带来诸多好处的重要感觉，但是当它出现时，请把它看作一个额外的奖励，一件美好的事物。在培养习惯的过程中，动力并不可靠。这是因为动力以人的感受为基础，而人类的感受容易改变且无法预测。你把一件事情一遍遍地重复去做，做到一定程度之后必然会出现动力不足的情况。当你做事缺乏动力时，意志力的消耗量就会猛涨。意志力消耗量较高时，你会难以长期维持一个行为并将其培养成习惯。任何事物能成为基础的第一原则，就是它必须牢固可靠，而"激发动力"策略就像是在液体上盖房子。

有热情是好事，但我们也应该把它看作一种额外奖励，而不是实施行动的信号。一个再饥饿的人，吃第五个肉包子时的愉悦感会略低于吃第四个时的愉悦感，吃第四个时的又略低于吃第三个时。只要是进行重复行为，就会存在同样的现象。养成一个习惯，需要长时间的努力以便一次次的重复。如果你在一段时间过后出现热情不足，对养成习惯来说反而是个积极的信号，表明更稳定和自动的基底神经节正在慢慢夺取控制权。人们进行习惯行为时是不带有情绪的。习惯带来的好处在于抵触情绪少了，自发性多了。

 抛硬币

现在让我们来想想抛掷硬币的情况。如果抛掷的次数足够多，那么硬币正面朝上的概率 p 和背面朝上的概率 q 将均为 1/2，且 p+q=1，这是我们很容易得到的结论。

上述结论有两个重要的前提。首先，硬币必须是理想的，不仅分布完全均匀，而且各处都没有一点儿污染。其次，每次抛掷硬币的手法也要完全一致。如果硬币本身有一些小瑕疵，或者用的时间长了，某一面上多了一些油渍，尽管每次抛出去的手法一致，最终一定会出现某一面的概率略高于另一面的情况。如果这是一场赌局，且一人始终选正面，另一人始终选背面，随着硬币持之以恒地抛掷下去，概率高的一方必然是稳赢的。

一个人在成长的过程中会经历很多与此类似的事情。比如说你想健康长寿，但不是说你今天想健康了，人就立刻健康起来了。一个人能否以健康的姿态长时间地生活在所属的群体之中，与他长期建立起来的生活习惯和生活方式是有直接关联的。健康长寿跟抛硬币的道理很相似，如果偶然的积累能决定最终的结果，那么每一步是稍微有利还是轻微不利，不同的选择对结果的影响巨大。

其中有两点特别值得关注。一是要努力创设"对自己稍微有利的条件"。很多时候，你起步时的生活和别人是没有多大差别的，那微小的差异，往往并不被人重视，但就是这微小的差异，导致了今后不同的人生之路。二是持之以恒地去实践。微小的差异之所以能带来结果的巨大不同，就是因为一次又一次坚持不懈地去积累。

在羡慕那些成功人士的时候，我们常常自我安慰，认为那些人拥有某种异于常人的才能。我们不排除他们中间确实有一小部分人拥有与众不同的才能，但他们中的大部分人与常人并无不同。只不过，那些人懂得一步一步积累，将概率改变成对自己有利的条件，从长远来看便与常人拉开了巨大的差距。

坚持最难，但几乎所有的成功，都源于不懈的付出和努力。

我们都知道，自制力好的学生，学习成绩普遍很好，在各方面的表现一般不错，他们不仅在学校里表现优异，走上社会后也会有很好的发展。这是因为自制力属于道德素养中的高级素养。有良好自制力的学生，正是通过自我教育、自我管理来实现自制力的提升，从而让自己的道德水平也不断得到提升。爱因斯坦说，优秀的性格和钢铁般的意志比智慧和博学更加重要，智力的成就很大程度上依赖于性格的伟大。自制力之所以成为核心素养提倡的一种必备品格，原因就在于此。

所谓公德心，就是时刻替别人着想

我们生活在群体性社会里，每天总要和不同的人打交道。互动交流是人和他人共同生活的必然需要，而人和人之间又有性格特征、生活处境、工作特质等方面的种种差异，为了保证社会生活的顺利进行，就必须有相关的约定，必须制定一系列的规则，以便大家共同去遵守。前面提到的上海市的"七不"规范，就是这样一种约定。而像交通法规、垃圾分类条例、公共场所禁止吸烟等规定，就是全民都要遵循的。当所有人都能够自觉遵守这些社会公共准则，形成讲究卫生、助人为乐、敬老爱幼、谦恭礼让……良好社会风尚时，社会的公共生活就会和谐安定，人们在公共交往中就会感到舒适、温暖、心情舒畅，人与人之间就能建立起团结、友爱、平等、互助的良好社会人际关系。在这样的社会中的每个人，都是具有社会公德心的公民。

所谓道德，就是良善而合理的行为。如果这样的行为仅属于个人，就叫"私德"；如果是有益于社会人群的，就被称为"公德"。私德固然需要，公德必不可少，如果没有为社会谋安宁，为人类谋幸福的公德心，要想涵养自己的私德也是不现实的。

社会公德是人在社会交往和公共生活中必须共同遵循的行为准则，是社会普遍公认的最基本的行为规范，体现着社会的文明程度。社会公德一是体现在重要的社会关系、重大的社会活动以及突发的重大事件中。比如，为国家的核试验甘做几十年隐姓埋名的人。二是体现在人们的日常公共活动中。比如，对他人的尊重和关怀、对规则的执行和呵护、对公共秩序和公共利益的尊重和维护，等等。

公德心指的是心中有他人、心中有规则、心中有集体的公共意识，以及在这种公共意识的指导下采取的适切的行为。具有公德心的行为大体可以分为三个层面：一是对他人、对事物的尊重；二是具有同理心；三是愿意为他人、为社会奉献自己的力量。

尊　重

尊重最通俗的定义，就是你需要别人怎样对待你，你就怎样对待别人。西方的教育非常注重"疆界"，也就是人和人之间的界限。无论是亲子之间，还是师生之间、同学之间，都需要尊重和被尊重。尊重他人和被人尊重既是品格培养的一部分，也是社会能力中非常重要的组成部分，是通往成功必备的能力之一。相比较而言，我们在这方面关注得不够。比如说，课间同学之间的相互打闹，原本都是游戏的性质，但稍不留意就会升级为身体上的伤害，导致各方的关系紧张。其中有一个很重要的问题，就是学生没有建立起对他人的尊重。在没有征得对方允许的情况下，去触摸甚至推搡别人的身体，都是不尊重他人的行为，是应该受到校规约束的。我们应该让学生尽早理解这一点，同时也要让学生学会依据规则保护自己。同样，面对越来越开放的社会，学校的生源来自四面八方，对不同地区人的文化习俗、生活习惯的尊重和理解，自然也成了今天教育的重要内容。

尊重有四个不同的维度，分别是尊重自己、尊重他人、尊重规则和尊重外物。

人生活在这个世界上，如果说有一个你最需要尊重的人，那应该是自己。而要做到尊重自己，首先要学会认识自己。苏格拉底的"认识你自己"，相信很多人都会讲，但大多数人往往是借助镜子之类的外物来认识自己的形象，看来看去都是别人标准下的自己，而不是真正的自己。认识自己是所有教育的真正目的。缺少了自知之明，整天就忙着刷题、收集资料或记笔记，设法通过考试，这样的人生总是会存在缺憾的。

尊重自己，首先体现在不做损害自身健康的事情。万物生长有自己的规律，人的生命也是按照一定的节律来进行的。无论是工作还是生活，都要先尊重身体生长发育的规律，不暴食暴饮，不整天熬夜，不拿自己的身体开玩笑。其次体现在不做降低自己人格的事情。做任何事情都应该落落大方、不亢不卑，不能为了某种利益而奴颜婢膝、溜须拍马。有的人当面一套背后一套；有的人见到领导低三下四，看见群众飞扬跋扈；有的人做事缺乏主见，随波逐流；有的人做事马马虎虎，得过且过……每一次做出这些行为的过程，都是自降人格的过程。再次体现在不让消极情绪左右自己。情绪是我们的一种心理状态，通过喜怒哀乐等不同的方式呈现出来。一个好的情绪状态会让做事情的效率和成功概率大大提高，而那些消极的情绪给工作和生活带来的负面影响也是众所周知的。最后体现在对待工作和事业的态度上。工作本身没有贵贱之分，但是对工作的态度却有高低之别。一丝不苟、踏实勤勉地对待自己工作的人，往往可以从工作中获得很多乐趣，也通过工作的过程体现自己的专业价值，获得他人的尊重和认同；而那些自由散漫、甘于平庸、不肯上进，仅仅将工作当作吃饭工具的人，在工作岗位上的各种行为其实就是在自毁前程，更不可能获得别人的尊重。

尊重自己的前提是了解自己，正确认识自己。人生下来一直处于不断学习的过程中，这个学习同时朝着两个方向进行：一个是朝外，不断拓展自己对世界认知的范围和疆域，了解自己在世界中处的位置；另一个是朝内，不断探究自己的内在心灵，发现自己的独特，从而了解怎样才是真实的自己，应该走好什么样的人生之旅。一个人越是认识自己，就越会尊重自己。

在人类的行为中，有一条基本原则，如果你遵循它，就会为自己带来快乐；如果你违反它，就会陷入无止境的挫折中。这条法则就是尊重他人，满足对方的自我成就感。正如美国哲学家杜威所说，人们最迫切的愿望，就是希望自己能受到重视。

尊重他人，首先，要尊重他人的隐私。每个个体都是独特的，都有属于自己的、不愿意被别人窥知的一些小秘密，也都有一些难言之隐不想被别人提及。其次，要尊重他人的选择。对待某一件事情，不同的人会有不同的想法，会根据自己拥有的资源状况等做出各不相同的选择。你可以将自己选择背后的思考过程讲给别人听，争取更多的人对你的理解，甚至引发他们对自己选择的重新思考。但你不能强求别人一定要和你的选择一致。再次，要尊重他人的人格。一位商人在炎热的下午看到一位衣着简单、汗流浃背的推销员在阳光下努力地推销他手中的铅笔。商人顿生一股怜悯之情，于是，他不假思索地将自己身边的钱塞到卖铅笔的人手中，头也不回地往前走了。可他没走几步，忽然觉得这样做有失妥当，赶紧返回，对推销员说，自己刚刚忘记了拿铅笔，希望对方不要介意，并且很郑重地跟对方说："你跟我一样，都是商人。"你看，在这个过程中，商人表现出来的，就是对推销员人格的尊重。我们现在有很多助学帮困项目，但很多困难家庭的父母或者孩子即便生活非常艰难，也不愿意去申请这些项目，其中有相当一部分原因就是他们感到自己的人格没有得到尊重。最后，要学会忘记自己的辉煌。别人的不幸或者自己的辉煌都是过去的结果，跟今天要做的事情没有必然关系。总是提醒他人关注自己取得的成就，其实就是在双方之间深挖沟壑，使得双方沟通不畅、对话不再处于平等状态。那些懂得尊重他人的成大事的人，心中装着的往往是大大的世界，而不是狭隘的个人荣辱。

孟子说:"爱人者,人恒爱之;敬人者,人恒敬之。"孟子强调的,就是尊重他人的重要性。一个真正明白如何尊重他人的人,才会得到他人的尊重。

规则是大家共同遵守的制度或章程。你愿意在一个群体里生活,就意味着你认同这个群体的运行规则并自觉遵守,这是群体有序开展活动的基础和保证。有人常羡慕美国的教师和学生,他们的热情奔放和自由随性,让人觉得似乎除了法律,他们不受任何约束。其实不然,美国中小学生无论是席地而坐、参加大型活动,还是课间换教室、上校车等,极少有交头接耳、嬉戏打闹、搞小动作的现象,有的是专注、热情、耐心、自觉和自然。学校非常重视对学生规则意识的培养,注重个体在学校生活中的权利与义务的教育,学生从幼儿园开始就要学会在室内轻声讲话、倾听、排队、与人合作。

要培养学生尊重规则应注意以下几点。第一,规则的制定要非常具体,操作性强,一般情况下同时实施的规则有五六条就够了,太多了大家都记不住,自然也就无法遵守。第二,在执行的过程中要前后一致,尺度不变,凸显规则的权威性。第三,要将规则逐渐内化为学生的生活习惯,让其从心而为。第四,注意规则的层面特征,区分哪些是底线层面的规则,哪些是发展层面的规则,哪些是活动层面的规则,并让各类规则保持相对的独立性和合理的张力。

学校的公共财产,自然界的万事万物,也应该受到同样的尊重。按照课表去上课,是一种尊重;爱护教室里的各种公共财物,是一种尊重;认真对待自己的工作,也是一种尊重;善于仔细观察周边的事物,欣赏鲜花的纹理和云朵的心态,善待每一种动植物,呵护我们日益紧缺的资源,更是一种尊重。尊重外物,和周边的环境和谐相处,是每个公民的基本责任和义务。

每个人生命最重要的华章,都是在工作之中徐徐展开的。人在有限的生命历程中是始终默默无闻，还是不断华彩绽放，与他是否认真对待工作、是否尊重自己做的事情是有很大关系的。

尊重工作，首先表现在对工作的满腔热忱上。要想获得这个世界上的最大奖赏，你必须拥有将梦想转化为在有价值的事业上献身的热情，以此来发展和推销自己的才能。其次表现在对工作的敬业态度上。有人认为个体敬业似乎是有利于单位、有利于领导的，但其实，最终获益的一定是自己。养成敬业的习惯，你将不断获得新的知识、能力和经验，并让你受益终身。再次表现在对工作的忠诚上。忠诚不是绝对服从，也不是从一而终，而是一种职业道德。我们身处巨变的世界，变化是非常正常的，但变化的只是环境，不变的是你的忠诚。你必须忠诚于自己的专业，毕竟自己拥有的一技专长才是自己的价值所在。工作是一种乐趣时，生活就是一种享受；工作是一种义务时，生活则是一种苦役。

同理心

同理心就是站在对方的角度和位置上，客观地理解对方的内心感受，且把这种理解传达给对方。同理心又称为共情能力，是指一个人能体验别人内心世界的能力。

一个拥有同理心的人，在与人相处的过程中善于从对方的角度来思考问题，不仅能避免很多无意义的争吵，还可以增加相处过程中的愉悦感；一个拥有同理心的管理者，在工作中善于将心比心，设身处地体悟团队成员的工作状况，不仅可以让管理更加顺利，也有助于团队创造更大的业绩；一个拥有同理心的家长，能够理解家庭中每个成员的处境和需求，能从别人的感情出发，站在别人的角度去处理家人之间、亲朋好友之间的各种关系，使得家庭更加和谐，与亲朋好友的关系也更加亲密。同理心不仅贯穿于我们的整个生活中，同样也贯穿于我们的职业生涯之中，是一种特别重要的元能力。

同理心和同情心是有区别的。同理心是我们常说的"换位思考"。比如说，我们坐在车里，看到前方出现危急情况时，情不自禁地想用脚去踩刹车，尽管自己的脚下并没有刹车；我们看体育比赛，当场面处于胶着状态时，自己也跟着紧张；孩子看到其他小朋友找不到妈妈而焦虑不安，自己也变得焦虑不安；等等，这些好像自己就是当事人一般的感受，就是同理心。而同情心是指站在旁观者的立场看待发生的一切，可能会因此而产生怜悯的情感，或者给他人提供一些物质上的帮助，但不会有当事人那样的感同身受。越有同理心的人，越懂得帮助他人，也越有可能具备较好的社会适应能力和人际关系，这有助于提高一个人的情商，有助于他未来的人生发展。

同理心涉及认知和情感两个层面，前者指换位思考，后者指跟他人感同身受。从婴幼儿时期一直到青少年阶段，是培养同理心的关键期。家长和教师要有意识地对孩子进行同理心的教育，从教孩子理解他们自己的行为和感受开始，为他们理解他人的行为和感受提供基本方法。在加拿大，就有这样的一门课程，叫作"同理心之根"，在3000所幼儿园、小学和初中以及美国西雅图的40多所中小学实施。这是一门针对幼儿园至八年级学生的课程。该课程通过提高学生的社会或情感能力，增强他们的同理心，使他们的攻击性得以显著降低。

培养同理心是需要一些技巧的，其中最重要的一个技巧就是知觉检核。知觉检核指的是询问事情的技巧，它包括三个部分：第一，描述你注意到的行为；第二，列出你关于这个行为的至少两种猜测；第三，请求对方予以澄清。比方说：

你快步走出房间，并用力地将房门关上。（行为）

我不确定你是否对我生气,(第一种诠释)

还是你只是走得比较匆忙。(第二种诠释)

你真正的感觉是怎样的?(请求澄清)

看到一个人当着自己的面摔门而出,自己本能的反应就是不高兴,并认为对方肯定生自己的气了,但如果冷静下来想一想也可能有其他原因,比如说有急事,需要着急出去,等等。所以,需要将自己的各种猜测说出来,向当事人求证。只有更多地去感受别人的感受才能更好地建立同理心。这样的问询态度,可以避免出现剑拔弩张的局面。

如果发现孩子在某件事情上明显做得不好,但他自己并没有意识到,在这种情况下,家长和教师需要启发、引导孩子,一方面要给孩子提很多"假如你是……"的问题,让他去想象自己变成另一种角色时的处境,学着站在他人的立场看事情,逐渐地把自己的善心发挥出来;另一方面要启发孩子产生共情行为。幼小的孩子不小心碰到了桌子,疼得哭了起来,很多家长心疼得不得了,赶紧抱过去又是哄又是安慰。其实,更妥帖的做法,是告诉孩子桌子被他碰撞得也很疼,也需要安抚。孩子有了这样的同理心后,再发生类似的事情时就会想到自己也有问题,就不大会大哭大叫了。

奉献精神

奉献原指恭敬地交付、呈献。在当今的语境下,指的是主动自愿、不求回报、真诚无私的付出,是一种纯洁高尚的精神境界。

奉献是一种态度,是一种行动,也是一种信念。奉献源自内在的感恩之心。没有阳光、雨露、土壤和适宜的气候,一颗种子无法长成参天大树。一个人的成长也是如此,自己走的每一步都是在他人、在社会的呵护、帮助和支持下完成的。羊有跪乳之恩，乌鸦有反哺之情，面对曾经帮助自己的恩人，我们需要尽最大努力去回报。而奉献就是回报他人、回报社会的最美行为。

奉献精神是公德心、社会责任感的集中表现。它体现在以下几个方面。一是在本职工作中奉献自己的才智，让工作因为自己的努力而增值。二是在重要关头挺身而出，不怕牺牲，不惧危险，用自己的专业智慧为社会、为他人分忧解难。三是积极参与社会服务以及各种公益活动，争当志愿者。人人奉献一份爱，会让这个世界变得更加温馨、和谐。

奉献精神是一种力量。常怀奉献之心的人真正懂得人生的快乐，心拥奉献之念的人真正懂得人生的真谛。

责任面前，不做置身事外的旁观者

1948—1954年，几名心理学家对一万多名青少年做了调查，询问他们是否认为自己非常重要。当时，有12%的人给出了肯定的回答。而在2003年做的同样内容的调查中，认为自己十分重要的人的比例，男性达到80%，女性为77%。除了自恋程度明显上升之外，人们对名声的渴望程度也显著增强了。1976年，有一项调查要求人们列出自己的人生目标，结果，在全部16项目标中，名声排在第15位。而到了2007年，有51%的年轻人声称，显赫的名声是他们最想追求的个人目标之一。这样的数据告诉我们，伴随物质生活的日益丰富和文化的多元和繁荣，人的人生观、价值观和世界观也在逐渐发生改变。首先，人变得更关注物质利益。比如，现在的大学生更加看重金钱与事业。其次，道德能力在不断弱化，在努力追求物质利益的过程中，慢慢失去了人生的方向。

现实环境已经如此，未来的社会变化更加剧烈。这让各方充分意识到，必须着力锻造青少年的必备品格，提升他们的道德品质，以便他们在未来纷繁多变的世界里能够行稳致远。英国成功学作家斯迈尔斯（Samuel Smiles）在其所著的《品格的力量》一书中指出，每一个民族和每一个人一样都要维护自己的品格，民族的品格必然依赖于多数人的道德品质，决定个人品格的道德品质也决定着民族的品格。一个民族的品格不是心胸开阔、忠贞、诚实、善良和勇敢，那么它就会被其他民族轻视，在世界民族之林中无足轻重。你看，锻造必备品格，提升道德品质，不仅仅是个体在社会上生存的需要，更是一个民族长盛不衰、屹立于世界民族之林的关键所在。品格是一个民族的标志，触及一个民族的灵魂。

责任道德之心

霍华德·加德纳（Howard Gardner）教授在他的《奔向未来的人：五种心智助你自如应对未来社会》中，着力探讨了"如果人们期望在未来世界繁荣发展的话，应该具备哪些心智"的问题。他认为，专业学术之智、综合统筹之智、开拓创新之智、尊重包容之心和责任道德之心是人们在未来世界占据制高点的五种重要心智。这五种心智均以原初形态存在于人们心中，但每种心智需要在人生的不同阶段进行"再培育"。

在我们的身边，有很多这样的人：他们工作非常努力，积极勤奋，他们的努力着眼于集体的利益、事业的发展，绝不仅仅局限于个人的利害得失；在我们的身边，有很多团体和公众，将社会上各种不均衡、不平等的发展状况看在眼里、记在心上，想各种办法来帮助那些弱势的、贫困的人改善生存环境，提升生存技能，为改善所有人的命运而无私奉献。这些人努力工作和辛勤付出的背后体现出来的，就是加德纳所说的"责任道德之心"。

在人一生的经历中，最重要的部分是哪一段？答案应该是工作。工作已经成为现代人生活的重心。很多孩子在学生时代就已经憧憬未来，思考未来的自己将会是怎样的身份、将会享有哪些可以利用的资源来让自己从事有益的工作。在孩子的心目中，有益的工作具有哪些特质呢？加德纳对此做了分析，认为"有益的"工作可以从三个方面加以理解。一是这项工作的专业程度高，不是一般人可以胜任的。在我们的心目中，像律师、会计、医生以及科学研究等领域的人从事的工作就是专业程度很高的工作。二是从事这项工作的人肩负重要的社会责任，有的为社会营造了良好的公共服务环境；有的在尖端前沿领域持续探索，让国家的科学研究水平走在世界前列；有的在民族振兴和国家富强中发挥基石的作用；有的创造保卫国家安全的坚强利器。三是这项工作给人一种良好的感觉，一方面是自己为从事这项工作而感到自豪，另一方面是这样的工作在社会上被充分认可，有很好的社会评价和地位。这样的工作让人齐心协力、全力以赴，即使在逆境中也能给人以坚定的信心，让人将其作为谋求成功的手段和途径。既然寻找"有益的"工作如此重要，教育要做的事情是什么呢？就是为学生未来的职业生涯做准备。这些准备不仅仅是知识技能、职业素养方面的，更多的是责任道德方面的。

在人们的心目中，公共会计师是评审大小企业财务记录的真实性和有效性的独立的专业人才，他们的权威和公正不容置疑。但进入21世纪之后，有些国家和地区陆续发生了一系列的财务丑闻，安达信等许多大会计事务所的专业人士和被审计企业来往密切，对企业的违规现象视而不见，帮助被审计企业逃税漏税，从中获得高额的经济回报。著名的能源交易巨头安然就是靠欺骗行为来运作的。最近这几年，波音公司也不断出现丑闻，接连发生的飞机失事事件直指飞机设计和制造环节的漏洞。为了减少前期工作中的资金投入，波音竟然偷工减料，把乘客的生命安全置于脑后。这些被人们看作"有益的"工作出现的各种问题，提醒人们培育责任道德之心的意义所在。要着力培养更多技能出众、责任心强、全力以赴、值得尊敬，在工作中表现出坚贞而忠诚的行业责任与职业道德的人，让他们在各行各业之中担当职责。

责任道德之心虽然是从工作的角度提出来的，但它是远远超越工作领域的。普通公民也同样需要一颗责任道德之心。我们生活在社区之中，最希望看到的就是所在社区拥有某些让自己引以为豪的优秀品质，这可以促使我们下定决心为进一步提升整个社区的道德水准做出自己的努力。也就是说，无论是在工作之中还是在生活之中，都需要培养这样的责任道德之心。

培养关键期

与道德素养以及自制力、公德心等必备品格需要从小加以培养不同，责任道德之心主要应该在学校培养。本书第一辑谈到了职业素养培育的三个阶段——职业启蒙、职业认知、职业规划，并与不同学段相对应。在培养学生职业素养的过程中，融入责任道德之心的培育，是一种很好的实施策略。

教育的重要任务是将学生培养成正直的、有责任感的人。现实生活中，有些父母只是一味地希望子女出人头地，能挣很多钱，但是，如果没有责任感，如果欠缺道德，这样的人是很难在世上立足的，也是很难成功的。因为勇于担负责任、关怀别人、遵守约定等一系列品格，都是做人和维系良好人际关系的先决条件。具备了这样品格的人，其周边自然而然就会形成一个很强大的、网格状的人脉关系群。反之，那些不遵守约定的人，那些不负责任的人，必然会失去身边人的信任。

教育最核心的任务，是教会学生为人。"为人"两字，饱含了对人生价值的期许和追问。人生最重要的事情，就是学会处理自己与他人、自己与社会、自己与世界的关系，从中明晰自己在其中的位置，以让自己能安身立命。如果离开自己与他人、自己与社会的关系，离开了责任与义务，人生的意义与价值自然就成了无源之水、无本之木。世纪之交的课程教学改革，旗帜鲜明地倡导"以学生发展为本"的教育理念，经过20多年的努力，已经看到初步效果。当下的学校教育越来越重视学生个人的内在体验,这无疑是重大的进步,但在学生对他人、对社会应承担的责任教育上,却仍然更多地停留在口头上,缺乏有效的落实和突破。加德纳告诫我们:"没有责任道德之心的人,将会导致世界没有正派的工人和负责任的公众——没有人希望生活在那样一个没有生气的星球。"[①]

从某种意义上说,学生的学习就是他人生中的第一份"工作",其工作的具体内容就是掌握各学科的知识,包括那些看得见的基础知识和基本技能,以及看不见的各种综合能力的养成等。除此之外,学校的教育还要让学生明白,他们学的是什么,为什么学这些,学习这些知识在将来会有哪些建设性用途,这是在为学生铺设通往有责任感的、高尚的道德之路。学生明白了所学知识的建设性用途,在学习过程中就会获得更多的乐趣,也容易发现学习本身的意义。学生立志要通过学习成为一个具有责任道德之心的人,他就会更加努力地沉浸在学习之中,并尝试利用所学的知识来改善人们的生活质量,以及在发现相关的知识存在破坏性用途的时候予以监督。学校倡导学生参与社区服务、志愿者工作等,其目的不是给学生累计学分,以便他将来可以顺利毕业,而是给学生创设理论联系实际的契机,让他们看到知识的价值,让他们在这样的实践活动中增长自身的责任道德之心。

加德纳认为,道德品质是在青春期及青春期之后的人生阶段形成的。一个人道德立场的形成表现在以下两个方面:一是认同自己是某职业群体的一员,思考应当如何发挥应有的作用;二是认同自己是某地方、地区甚至全世界的公民之一,思考如何发挥应有的作用。也就是

---

① 加德纳. 奔向未来的人:五种心智助你自如应对未来社会[M]. 胡雍丰,杨娟,译. 北京:商务印书馆,2010:16.

说，学生到了职业规划的阶段，会逐渐明晰自己今后的职业发展方向。在这个过程中，也进一步发展了自己有关工作、生活的责任道德之心。加德纳的这一论述对我们来说非常重要，他揭示了中学教育阶段职业规划教育的内在价值。

培养路径

那么，学校应该如何做，才能更好地培养学生的责任道德之心呢？加德纳指出，学校应该做好以下四个方面的工作。

一是使命。如果你已经选择职业方向，选择自己今后要做一个怎样的社会公民，就要明确这一角色的目标和使命是什么，将其作为自己的目标和使命，并为实现这一目标和使命做好各种准备工作。一个有使命感、目标明确的人，会咬定青山不放松，始终沿着既定的方向前行；而那些没有明确目标的人，很可能随波逐流，一事无成，甚至误入歧途，遭遇不幸。

使命感是最能给人带来永久动力的心理机制。一个有使命感的人，不论资源是否充沛，条件是否艰苦，都会毫不动摇地坚持把事情做下去，这样的品德无论是对个人还是集体都是非常重要的。人要确立一个目标容易，但要养成坚定的使命感不容易。学生在平时会经常观察各类人物的行动，比如，身边的父母、学校里的教师等。如果他们做事情的时候，不计得失，只在意这件事情会给他人带来什么价值；不计报酬，只在意享受做的过程；无论事情多难、多复杂都能够坚持、坚持，再坚持，这样的行为就会慢慢让学生体悟到什么是使命感，以及使命感对一个人的意义。

二是榜样。法国作家卢梭（Jean-Jacques Rousseau）说："榜样！榜样！没有榜样，你永远不能成功地教给儿童任何东西。"在当下这样一个时代，当功利、欲望迷住了很多人的双眼时，我们尤其需要发挥榜样的作用。孔子应该是对中华文化影响最为深远的人，也是我们国人共同的榜样。他虽然大半辈子都处在颠沛流离的生活状态中，但这并没有让其沉沦，反而让他早早开始思考人类的命运，并从自己的生活中生发出宏大的文化命题。从他的身上，我们真正体会到了什么是责任道德之心。

加德纳认为，如果没有鲜活的榜样作为表率，年轻人很难知道如何去做。对学生来说，身边的榜样最有力量。这包括发生在身边的真人真事、从书本上或者其他渠道了解到的先进人物的事迹等。其中，对学生影响最大的榜样就是教师。教师的一举一动、一言一行，都被学生看在眼里，记在心里，并从教师职业应具备的道德准则和工作职责等角度去加以评判和分析。著名教师孙维刚，每天早晨都会到教室打扫卫生，每天上下班都和看门的老大爷亲切地打招呼，如果迟到了一定会向学生做检讨，甚至到教室外面罚站……他正是用自己的一言一行诠释教师的形象，被学生们称为"思想和灵魂的导师，终身学习的楷模"。

父母、老师以及身边的成年人都无法给未成年人提供任何直接的工作方面的指导，因为学生将来会从事什么工作今天是无法预测的，在工作中将遇到怎样的具体困境更是无法知晓的。那么，我们能够做什么呢？那就是成为年轻人的职业道德榜样！

三是自省自查—独善其身。"见贤思齐焉，见不贤而内自省也"，一直是中国人德行修养的标准之一。心理学把自省定义为通过自我意识来省察自己言行的过程，也就是自我评价、自我反省、自我调控和自我教育。自省不仅是一种优良品德，更是一种使人走向幸福的能力。自省不等于自我批判，也包括自我肯定；自省不等于盲目自责，而是积极的、愉快的、建设性的，是往好的一面引导自己的思想言行。加德纳提醒我们，每个人都必须时常睁大眼睛，照照镜子，反省自己，对自己做的工作、干的事情做出评价，看看是否达到了预期，有哪些优点，还存在哪些不足，是否尽到了自己的职责，怎样可以做得更好一些。

在1968年的墨西哥城奥运会比赛中，来自非洲坦桑尼亚的约翰·阿赫瓦里（John akhwari）在马拉松比赛中不慎跌倒，他拖着摔伤且流血的腿，坚持不懈地往前跑，直到当晚最后一个跑到终点。有人问他为何不放弃比赛，他说，他的祖国送他参赛，就是要他完成比赛的。所谓责任，就是对自己所负使命的忠诚和坚守，就是把自己的工作出色地完成，就是做好社会、领导、亲人或自己赋予的任何一件有意义的事情。

四是监督他人——职业道德。通过前面的几个方面让年轻人做到自我约束、以身作则是非常有必要的，但到此为止还是不够的。适时干预身边人的行为，是任何一个成熟而有职权的人应尽的义务和责任。

在我们的文化传统中，监督他人是一件比较困难的事情。当别人做出违反原则、不讲道德的事情的时候，很多人虽然看在眼里，却很少有人出面劝阻。有的人抱着事不关己高高挂起的态度，不愿意去惹事；有的人觉得对方是自己的领导，如果给他提意见担心他会给自己穿小鞋；有的人觉得自己提出监督意见，可能会涉及个人的一些利益；还有的人一生只愿做老好人……从教育的角度看，在学校和社会积极营造能监督、会监督、监督得了、监督就会有成效的氛围也是非常重要的。最近几年，国家加强了监督执纪力度的建设，为教育提供了非常好的环境和氛围，我们要将其用好。

明晰责任

如果你是一个班主任，有没有这样的感受：你自己一天到晚忙得不可开交，而你的学生日子却过得很舒坦？《哈佛商业评论》对这样的现象很感兴趣，并且用了一个案例来专门讨论此事。这个案例的名字就叫"谁背上了猴子"。在这个案例中，工作就是"猴子"，工作责任落在了谁的身上，谁就背上了这个"猴子"。

让我们想象一下，一个班主任走进教室，学生A对他打招呼："早上好。顺便说一下，我们出了个问题。您看……"当A继续往下说时，班主任发现这个问题与其他学生提出的问题具有两个相同之处：第一，班主任知道自己应该参与解决问题；第二，班主任知道目前还无法提供解决问题的方案。于是，他对学生A说："很高兴你能提出这个问题。我现在很忙，让我考虑一下，再告诉你。"然后就和A各自走开了。

让我们来分析一下上述这一幕。师生两个人碰面之前"猴子"在谁的背上？学生A的背上。两人走开之后，又在谁的背上？在班主任的背上。一旦"猴子"成功地从学生A的背上跳到班主任的背上，班主任在接收这只"猴子"的同时，也就自动地站到了他学生A的下属位置上。也就是说，当班主任做了两件原本应属于学生做的事时，他也把自己变成了学生的学生。这两件事就是——班主任从学生A那儿接过了责任，并承诺汇报工作进展状况；而学生A呢，为了确保班主任不会忘记这件事，以后他会将头探进班主任的办公室，积极地询问："怎么样了？"（这叫监督）

如果一个班主任总是以这样的方式来工作，那么跳到自己背上的"猴子"就会越来越多。一个星期下来，就会有十多个甚至几十个"猴子"在等待他。于是，就会出现以下状况。第一，班主任从学生的管理者变成了学生的学生，自己整天陷入具体事务的泥潭之中不能自拔，忙得不可开交。第二，学生因为将工作任务和责任转移了出去，从而无债一身轻，可以悠然自在地等班主任做决策、拍板。如果班主任忙得无暇顾及他的事情，学生就真正成为自由人了。第三，到了每天下班的时候或者周末，学生就会一个劲儿地盯着班主任，等着班主任做决策或者就某件事情拍板。如果班主任自己来不及做这些事情，会感到没有尽到责任，于是，晚上加班、周末放弃自己的休息时间回单位上班就成了常态，也因此失去了大量陪伴家人的时间。

班主任的主要任务，是根据学校的教育计划对要完成的工作任务做出判断，寻找班级发展的路径，制定发展的规划，并监督工作任务的有效推进，而不是让自己冲到第一线，把学生的活儿揽在自己的身上。教师要认真思考这个问题，学习本来是学生自己的事情，应该充分发挥他们自我管理、自主学习的能力，但现在似乎都变成了教师的任务。教师不遗余力地将相关的学习任务拆分、嚼碎，努力想喂给学生，让其吃得舒服，但学生并不领情，而且变得越来越依赖教师。

那么，遇到学生想把"猴子"转移到自己身上的情况时，教师、班主任应该如何应对呢？首先，一定要让学生明白"猴子"是谁的责任，不能将责任进行转化。其次，当学生找到自己的时候，不要直接把问题接下来，而是先要求学生对这一问题做分析，提出两三个解决问题的方案或者建议。再次，通过团队会议或者头脑风暴的方式让大家就学生提出的这些建议或者方案进行讨论，看是否有第四、第五种方案，从中寻找最佳解决方案，然后将这个"猴子"继续交给负责的学生，让他继续背"猴子"直到任务完成。

教师的主要任务就是建设团队，营造良好的沟通环境，包容各个学生的不同特质，促使并信任大家把各自的任务完成。教师只有自己在这方面以身作则，做出表率，学生才能学会如何承担责任，尽心尽责。

第四辑
让个性化学习成为新常态

教育处在新变革的转折点上
更新学习观念，促进行为变革
丰富学习方式，让学习更具有挑战性
融入教育领域的智能革命
让深度学习真正发生

——

一场改变现有教育面貌的新变革已经到来。未来学校、未来学习、未来教室、未来教师的模样，我们现在已经能够感受得到。但仅是站在外面来感受，所知的只是一些皮毛。教师只有沉浸其中，才能真正理解教育将发生怎样的变化，才能意识到需要树立怎样的教育观念，需要运用哪些现代技术和教育手段，怎样去丰富学习的方式，如何促进深度学习的发生……

核心素养是这场教育变革的抓手，而着力点就是要让个性化学习成为教育的新常态。这对绝大多数教师来说，都是一次巨大的挑战。我们需要从思想上、理论上做好准备，并积极投身到这场教育变革的实践之中。

——

教育处在新变革的转折点上

我们正走进人工智能蓬勃发展的新时代，已经充分感受到人工智能给工作和生活带来的一系列变化。在家庭生活中，扫地机器人逐渐普及起来；智能助手也在努力揣摩家庭成员的喜好，设法提供更加个性化、更加体贴的服务。在身体检查和医疗服务、法律咨询和纠纷调解、语言识别和翻译对话、自动驾驶和精准导航等各不相同的领域，人工智能都在发挥着巨大作用，将我们带入了一个充满惊喜又有点儿惶恐的数字化新时代。

但没有随之发生改变的，就是学校的教育。现在的学校，除了多了一些电子白板、电脑和投影仪等教学辅助设备之外，教学内容、教学组织形式、教学方式和教学评价等，在近一百年的时间里没有发生根本性的变化。尽管人类社会的生产和生活方式已经发生了翻天覆地的变化，尽管我们已处在信息时代，但教育始终固守传统，与时代发展不协调、不均衡的矛盾愈加突出。

那么，支撑教育固守传统的信念是什么呢？教育一直是这样固守传统的吗？袁振国认为，人类的教育经历了三个大的阶段，分别是"个性化的精英教育""集体性的大众化教育""个性化的大众化教育"。[①]

---

① 袁振国.人工智能助推教育回归本源[N].文汇报，2018-11-25 (5).

个性化的精英教育阶段，大体对应工业革命之初、学校的班级授课制还没有开始实施之前，这是一个相当长的历史发展时期。在这个阶段，大多数人没有受教育的机会，那些社会的精英、权贵阶层的孩子，往往通过私塾等方式接受个别化的教育。这种教育方式的优点是容易做到因材施教，缺点是成本太高，如果要在全社会普及教育，需要的教师数量不可想象。

随着机器化大生产的逐渐普及，企业越来越需要具有一定的知识，掌握一些基本工作技能的员工，这对原来个性化的精英教育模式提出了挑战。社会的发展要求学校扩大规模，让更多的人接受基本的知识和技能教育；要求学校改变过去培养精英的教育理念和方法，用标准化的手段来培养工厂里的熟练工人；要求学校把个性化的精英教育放在一边，着重提升整体的基础文化素养。我们来看看1912年由洛克菲勒（John D. Rockefeller）资助的自称"普通教育委员会"的组织发表的一段话：

> 我们不应试图让这些人或他们的孩子成为哲学家、学者或者科学家，不应从这些人中培养出作家、演说家、诗人或文学家，更不应在他们之中寻找有望成为伟大的艺术家、画家或者音乐家的胚子，也无须从他们之中培养律师、医生、牧师、政客以及政治家，这些我们已经有大量人选……我们给自己设定的任务很简单，也很美好……我们将把孩子们组织在一起，他们的父母现在未能以完美的方式做成的事情，我们都将教导他们以完美的方式去完成。①

---

① 库奇，汤，栗浩洋.学习的升级[M].徐烨华，译.杭州：浙江人民出版社，2019：15.

在这样的观念下，学校教育的目的发生了很大变化，不再是为孩子今后的人生做准备，而是要让孩子成为所处时代需要的劳动力。于是，人类的教育伴随工业化大生产的步伐，进行了一次根本性的变革，走向了今天我们非常熟悉的集体性的大众教育阶段。从那时到今天，尽管社会生活已经发生了很大变化，尽管人类已经从大工业时代进入了信息时代，但教育的模式始终没有发生根本性的变化。教育界人士也感受到了自身的发展与社会的发展不协调，但采用的改进策略主要是增添一些东西，打上一块补丁，弥补一些漏洞等，尚没有出现结构性的调整和再一次根本性的变革。

呼唤教育变革不仅仅是因为人类的生产和生活方式发生了巨变，要求教育适应这样的变化，还因为近些年人们对脑科学、学习理论的研究取得了很多新进展，有一些甚至颠覆了我们的传统认知。比如说大脑的可塑性，过去一直以为主要发生在婴幼儿和青少年时期，现在的研究表明，大脑并不是类似混凝土那样的结构，在浇注成型、凝固下来之后就不再改变了，大脑的可塑性贯穿人的一生。如果你经常借助大脑处理某些事情，与之相关的神经回路就会得到加强；反之，则会逐渐弱化，甚至彻底萎缩。研究表明，人类大脑中的细胞的确是用进废退的。人在面对一件事情的时候，采取的处理方式不同，大脑产生的联结方式也不一样。所有人大脑的联结方式都是不同的，每个人都会以不同的方式、不同的速度去学习某些东西。采用标准化的教学方式最大的问题，就是没有考虑到学生大脑的可塑性，以及神经元联结的这种个性特征，这就是标准化教学效率低下、让很多学生备感失败的原因。

人工智能的快速发展，脑科学的深入研究，正推动着教育走到了新的一次大变革的转折点上，袁振国先生说的个性化的大众化教育很快会变成现实。其中，以核心素养为标志的新一轮课程教学改革就是这次大变革的序曲，而在践行核心素养培育过程中带来的教育观念的新变化、教育方式的新探索和教育手段的新提升，将会在我们的教育从集体性的大众化教育转向个性化的大众化教育的过程中发挥重要的促进作用。

  疫情或许在无意之中成为本次教育大变革的一个契机。为了避免交叉感染，在一段时间里，人们只能待在家里。孩子们原本要到学校上课的常态学习模式，转变为依靠电视、电脑以及智能设备的网上学习。这不仅对教师的教学组织、教学内容的呈现和教学方式的选择提出了新的挑战，同时也对学生的学习提出了新的挑战。教师要改变习惯和传统，探索信息技术支撑的教学新路径。学生有了更多可以自由支配、自主学习的时空之后，该如何加以利用，让个性化的学习真正变成现实？

  个性化的大众化教育是建立在人工智能、自适应学习软件、虚拟现实技术和增强现实技术等前沿信息技术背景上的重大教育变革，是以促进学生个性化发展，激发学生的创新意识和潜能为要旨的教育革新。今天的学校、今天的师生恰逢其时，能够成为这场重大教育变革的亲历者、实践者和推动者，这必将在学校、每个个体的成长历程中留下浓墨重彩的篇章。

更新学习观念，促进行为变革

观念，简单地说，就是对事物、现象或者问题的看法或认识。人的观念不是天生的，与他所处的社会环境、文化传统和生活习俗等有着密不可分的关系。"万般皆下品，唯有读书高"是很多人抱持的一种教育观念。正是在这样的观念指导下，家长才会有想尽一切办法给孩子选择好的学校、花巨资让孩子上各种培训和补习班、甘愿放弃自己的工作陪读等种种支持孩子学习的行为。

观念是行动的灵魂，对相关行为起着统领和指导的作用。每一次教育改革，都是因为引入了新的教育观念而催生的，以核心素养的培育为标志的新一轮课程教学改革就是典型事例。改革过程中出现的困难很多时候来自旧观念的束缚，教育领域的改革之所以难以取得成效，原因之一是人们到现在都一直固守大工业时代的人才观念。各种改革的实践和探索本身就是新、旧观念斗争的结果，如果新的观念占了上风，改革一般能较好地推行下去；否则，经过一阵风之后还会回到原来的老路上。看看这些年教育系统的改革走过的道路，大家就能够明白这一点。

由上可知，更新学习观念，是教育走向个性化的大众化教育阶段的前提。只有观念转变过来了，很多事情才能迎刃而解；若依然抱持现有观念，改革也就无从谈起。

脑科学研究的成果

人的大脑是一个神奇的器官,成年人大脑的重量大约是 1.36 千克,其中约 78% 是水,约 10% 是脂肪,约 8% 是蛋白质。脑的重量约占全身重量的 2.5%,却消耗人体大约 20% 的能量,[1]这在人体所有的器官中是独一无二的。

脑是人类神经系统的一部分,负责接收、处理和存储信息,以协调人的行动。脑由细胞组成,包括神经细胞(又称神经元)和神经胶质细胞两种。每个神经元都和几千个其他神经元相连,形成了错综复杂的神经通路,这是我们感知事物、加工信息的基础。神经胶质细胞占据了脑一半多的体积,它的主要功能有两个:一是为神经元提供结构支撑;二是形成包裹在神经元轴突外的髓鞘,使脑细胞间的信息沟通更有效率。

脑的功能非常复杂,其运行机制像谜一样,我们对它的认知还是很肤浅的。但近些年来脑科学、神经科学的研究,已经取得了非常丰硕的成果,这些成果对我们正确认识大脑,并将其运用于学科教学中,有很大的帮助。

过去人们普遍认为,人脑在基本定型之后,不会产生新的神经细胞。现在发现在特定的脑区中神经细胞依然是生成的,而且有效锻炼、加强营养、减少压力等措施有助于神经细胞的生成。这让人们意识到人的智力、人的潜能是可以通过后天努力得到更好开发的。脑科学的研究还表明,要想开展有效学习,必须创设积极的情绪状态。学习受多

---

[1] 哈迪曼.脑科学与课堂:以脑为导向的教学模式[M].杨志,王培培,等,译.上海:华东师范大学出版社,2017:19-20.

方因素的影响，除了情绪之外，运动和锻炼也能让人们心情愉悦。注重体育锻炼，让孩子从小养成运动的习惯，是很有道理的。艺术也能给学习带来积极的心理效应，相关的研究表明，哪怕只接受少量的音乐训练，大脑的结构都会发生变化……人类的行为方式作用于脑，使脑发生相应的变化，这种变化反过来又会影响人的各种行为。这种积极的相互作用，十分有益于人的身心成长、生活以及事业的发展。

神经元之间的连接伴随人的一生。人在学习某样事物时，大脑就会加强某些区域神经元之间的连接，并形成一些新的神经通道。如果这样的学习反复进行，与之相对应的神经通道就会越来越通畅，人对所学事物的认识和理解也会越来越深刻，相应的实践技能也会越来越丰富。反之，如果人学习了某一知识之后不再进行重复训练，大脑中与之相对应的区域因为缺少刺激，神经元之间连接的活跃程度就会逐渐降低，神经通道也就不大有信号传递了。一段时间后，大脑就会放弃这些不大使用的神经通道，前面学习的知识就这样被遗忘了。

学以致用。之所以特别强调"用"，一个很重要的原因，就是要通过用刺激神经元之间的连接，让神经通道保持畅通。能够被经常使用的知识，学生是不太会忘记的。强化知识的运用，应通过多种感官的学习实践活动多元化地开展。各种感官获取信息的途径不一样，在大脑中引起的神经连接也各不相同，越是多感官地参与知识的运用，其在大脑中建立的神经连接就越复杂，形成的神经通道也越多，这可以促进大脑将所学知识与已有知识建立更加广泛的联系。联系越多，就越容易被回忆，就越容易被触发。

大脑的可塑性让我们更加明确学习的路径。

首先，反复练习有助于智力的培养和能力的提升。出租车司机就是最典型的例子。那些长时间开出租车的司机，会反复地经过城市里的各种道路，这对大脑的神经通道产生了明显的影响，脑后部的海马状突起比一般人要大，这是负责描绘周围空间环境的部位，该部位变大，可以让司机对空间信号的处理能力得到不断强化和提升。学习也是如此，一些重要的能力，必须经常性地反复加以训练。反复练习不仅能让人在某一方面的技能表现得更加出色，还能带来大脑结构的变化。

其次，关注长期目标有助于学生实现自我管理。大脑用进废退的可塑性特征提醒我们，要实现一个愿望，需要有长期的目标，并坚持不懈地予以推进和落实。心理学家曾给出一个长时记忆的模型，说要让学生牢固掌握某一知识，必须经过至少五次的巩固练习。第一次是新知识出现之后的十分钟左右，第二次是一天后，第三次是一周后，第四次是一个月后，第五次是六个月后。你看，这里面就体现了两个要点：一是要反复练习；二是要有长远的学习规划和目标。反复练习不需要平均分布力量，否则知识学得越多，训练的负担就会越重，但需要有长期的计划。一个人一旦养成了这样的学习管理模式，自然就具备了自我管理的习惯和能力。

再次，整合各方资源有助于神经通道的联结。脑科学的研究表明，在学习一项事物时，如果脑神经通道的联结越丰富，对这个事物的认识就会越深刻。如果能够调动各种感官来感知该事物，如果能够整合各方的资源汇聚到对这一事物的学习过程中，就会让学习更有效地发生。这样的研究成果启发我们，在学习的过程中，要拓展学习渠道，多视角去理解所学内容，要着力构建与他人、与社会的关系，要鼓励学生在需要的时候，勇于向同学、老师和家长寻求支持和帮助，从而调动所有资源，专注当下，持续努力，达成自己的目标。

改变学习观念的几种理论

要改变学习观念，除了研究脑科学的最新成果，了解大脑运作的机理外，还需要学习、研究和个性化的大众化教育相适应的学习理论，为促进自身学习观念的更新奠定基础。

✳ 整合学习理论

该理论是保加利亚心理治疗专家乔治·洛扎诺夫（Georgi Lozanov）提出的。洛扎诺夫从1950年起，开始研究有些人在智能上表现得比其他人突出的原因。结果表明，那些能将他们的感觉、情绪和智慧投入学习过程中的人往往能得到最好的成果。洛扎诺夫发现，提升学习速度的秘密在于重塑自然学习环境，将学生从被动听讲的角色，转为巧妙而艺术地参与课堂活动的角色，活动方式包括歌唱、舞蹈、戏剧以及其他身体活动和讨论等。

洛扎诺夫认为，有三大要素可以帮助儿童提高学习效率。第一，真正的学习是快乐的。这里的快乐，不是指完成一件事情之后如释重负的快乐，而是要让学习过程本身是快乐的。要营造让学生带着喜悦的期盼来学习，在结束时又感到意犹未尽或依依不舍的学习氛围。第二，学习要融合有意识学习和潜意识学习。我们能够知觉到的意识，只是冰山露在水面上的一小部分，水下隐藏的巨大部分，就是我们很难觉察到的"潜意识"。潜意识具有更大的能量，能以更快、更牢固的方式吸收周围环境的信息并储存起来。第三，激发人的内在潜能。潜能是指我们尚未利用的能力。这些能力可以帮助思考、创造、解决难题和向自己的极限挑战。对儿童而言，其内在潜能能否被激发出来，很大程度上取决于父母、教师的态度。如果父母和教师对孩子的能力能持续地表现信心，并支持孩子勇敢地面对挑战，那么孩子的能力便可能得到超乎寻常的发挥。

✱ 多元智能理论

该理论由美国哈佛大学教育研究院的发展心理学家霍华德·加德纳于 1983 年提出。该理论认为，智能是在某种社会或文化环境的价值标准下，个体用以解决自己遇到的真正难题或生产及创造出有效产品需要的能力。加德纳认为，支撑多元智能理论的是个体身上相对独立存在着的、与特定的认知领域和知识领域相联系的八种智能：语言智能、节奏智能、数理智能、空间智能、动觉智能、自省智能、交流智能和自然观察智能。

多元智能理论有以下几个核心的观点。第一，每个人的智能都是独特的、各具特点的。虽然每个个体都同时拥有上述相对独立的八种智能，但具体到某一个人，这些智能的强弱、组合方式等都是不一样的。正是这八种智能在每个人身上以不同方式、不同程度组合，使得每个人的智能各具特点。第二，个体智能的发展方向和程度受环境和教育的影响和制约。在多元智能理论看来，个体的智能通过后天的教育是可以发展的，但个体智能的发展受到环境包括社会环境、自然环境和教育条件的极大影响与制约，其发展方向和程度因环境和教育条件不同而表现出差异。第三，智能是个体解决实际问题的能力和生产及创造出社会需要的有效产品的能力。传统的智能理论产生于重视言语—语言智能和逻辑—数理智能的大工业社会，智能被解释为一种以语言能力和数理逻辑能力为核心的整合能力。加德纳认为这不是人类智能的全部，他不仅给出了人类智能的多元谱系，还特别强调两个方面的能力，即解决实际问题的能力、生产及创造出社会需要的有效产品的能力，这正是核心素养培育所强调的。第四，多元智能理论重视的是多维度地看待智能问题的视角。承认各种智能是多维度地、相对独立地表现出来，而不是以整合的方式表现出来，应该是多元智能理论的本质。

在上述多元智能理论的基础上，面向不可预知的未来，霍华德·加德纳又进一步提出，人们需要具备专业学术之智、综合统筹之智、开拓创新之智、尊重包容之心和责任道德之心等五种心智，以发展自己应对预料之中乃至预料之外的事物的能力。

✱ 最近发展区理论

该理论是由苏联教育家维果茨基提出的。维果茨基的研究表明，教育对儿童的发展能起到主导作用和促进作用，但需要明确儿童发展的两种水平：一种是已经达到的发展水平，即不需要教师指导学生就能依据自己的经验独立完成学习任务的水平；另一种是儿童可能达到的发展水平，即在教师指导下学生可能实现的解决问题的最高水平，也可以理解为学生在教师指导下所能激发出的最大学习潜力。两个水平之间的差距即"最近发展区"。学生在最近发展区的表现为"儿童还不能独立地完成任务，但在成人的帮助下，在集体活动中，通过模仿，却能够完成这些任务"。[①]

在最近发展区内，学生获得成人或是同伴帮助的形式是多样的：如用模仿的方法示范、列举实例、启发式提问、由成人进行监督，以及集体活动等。最近发展区理论给我们提供了一条理解儿童发展的途径，即要让儿童得到更好的发展，学习就要在最近发展区内进行。其蕴含的一个重要思想：是儿童的发展主要是通过与成人或更有经验的同伴的社会交往而获得的。维果茨基说，如果儿童在最近发展区接受新的学习，其发展会更有成果。在这个区内，如能得到成人帮助，儿童比较

---

① 程士杰，任建波. 向学生的"最近发展区"靠近[J]. 数学大世界（教师适用），2010（12）：54.

容易吸收单靠自己无法吸收的东西。

★ 情商理论

该理论由两位美国心理学家约翰·梅耶（John Mayer）和彼得·萨洛维（Peter Salovey）于1990年首先提出。他们一起发展出了关于情绪智力的清晰的框架，其理论显示，人类有一整套宽泛的能力，也有宽泛的可测量的情绪技能，能深刻地影响人类的思维和行为。当时，该理论没有引起全球范围内的关注，直至1995年，由时任《纽约时报》的科学记者丹尼尔·戈尔曼（Daniel Goleman）出版了《情商：为什么情商比智商更重要》一书，才引起全球性的研究与讨论。

20世纪80年代之后，传统的智商理论，受到了越来越多的质疑。人们发现，传统智力测验的成绩最能直接预测的，其实只是课堂上的表现或学术上的成就，很难触及生活的其他领域。有许多智商相当的人，后来的人生成就却大不相同。一些在智商测验中表现平平的人后来成就斐然，而一些高智商的人反而沉沦堕落。萨洛维等人发现，人们控制自身情绪的能力才是人生成功的关键，这就是所谓的情商。它包含五个方面的内容：认识自身的情绪，妥善管理情绪，自我激励，认知他人的情绪，人际关系的管理。

情商全称情绪智力，主要是指人在情绪、意志和耐受挫折等方面的能力。"最新的研究报告显示，一个人的成功，只有20%归诸其智商的高低，而剩下的80%，则取决于情商。"[①] 在应试教育压力下，不少家长总是不惜花费大量时间、精力和金钱对孩子进行教育投资，结果

---

① 张莉. 小学低年级语文教学中的情商培养[J]. 文学教育（中），2014（8）：112.

却经常达不到预期效果，反而导致孩子厌学、学习独立性差、任性、自私等。近几年，学生因学业压力、与父母沟通问题而选择离家出走、自戕的现象频频出现在报端。这与家长只重视孩子的学业，而忽略了情商的培养是有直接关系的。

✳ 文化主义教育观

在教育领域，对教师的教学影响最深刻的一种教育观念，应该就是布鲁纳（Jerome Bruner）建立的认知主义教育观了。1996年，布鲁纳从根本上颠覆了自己当年提出的认知主义教育观，以维果茨基的社会历史心理学为基础，重新建立文化主义的教育观，开启了第二次认知革命。

布鲁纳认为，既不存在完全脱离社会的孤立的个人，也不存在超脱于一切文化背景的个人。认知主义的教育观存在严重的不足，在于它没有意识到学校仅是教育的多种存在方式之一，往往是就学校研究学校，从而将学校变成了一座孤岛。它脱离了文化背景，抽象地、孤立地考虑教育，将教育简化为学校，再将学校简化为课程，接着将课程简化为个体的信息处理能力，最后将一切简化为教学的技术细节。依照这种简化的教育观，教育的核心问题是课程、教学标准和测试考核等技术细节。

文化、心灵和教育是布鲁纳文化主义教育观的三个重要概念。教育是社会体制，是文化的自我摸索和自我生产。心灵如果不存在于文化的环境中，根本不可能生存下来。文化提供了工具，使我们得以用可沟通的方式来组织和了解世界。学习与思考永远都置身在文化情境里，并且永远都依赖文化资源。对教育来讲，最重要的不是抽象、演绎出学科的基本结构，而是形成一个互助型的学习共同体，只有在这样的共同体中，人才能回归到他原本所属的历史文化之中，人的学习潜能才能得到充分发挥。

三种面向未来的学习观念

基于脑科学的最新研究成果、人工智能理论的探索与实践以及上述几种主要的学习理论，要走进个性化的大众化教育阶段，需要构建与之相匹配的新的学习观念。约翰·库奇（John Couch）在他的《学习的升级》一书中指出，个性化学习、先天后天的交互作用论、学习的最佳效应点是在未来学习中特别需要抱持的三种学习观念。

✳ 个性化学习

个性化学习是教育历史上曾经使用了很长一段时间的学习方式。这种学习方式要求一个老师教的学生不能多，一般两三人，如果一对一更好。在这样的情况下，教师能够非常仔细地观察每个学生的学习状况，知道他的优点和问题所在，然后有针对性地为他设计学习计划，让他按照自己擅长的学习节奏开展学习。

这样的学习方式之所以无法在当下的学校教育中推广，一个很重要的原因就是消耗的资源太多、成本太高。现在有很多地方的学校，正在做如何减少大班额的事情，要实现小班化教学依然有漫长的路要走，更别提1∶1或者1∶2的师生比配置了。但人工智能和自适应学习技术的异军突起，为个性化学习的实现提供了可能。

自适应学习技术，自20世纪70年代开始就被大量研究，它是一种教育科技手段，通过自主提供适合每位学生特点的学习资源，在现实中与学生产生实时互动。这种技术的研究主要体现在三个方面。一是自适应学习的内容，就是将相关的知识内容通过知识图谱等研究进行数字化的分解和组合，然后推送给学生，并根据学生学习的不同情况，提供包括问题提示、学习材料等及时反馈，通过搭建内容支架为学生提供更多帮助。二是自适应学习的评估，通常应用在测试之中，工具系统可以根据学生做某一试题的正确与否、所用时间等信息及时调整后面推送的试题难度，以便检测学生可以处理什么样的问题，他的学习水平处在什么位置上。三是自适应学习的序列，这可以与学生的综合素质评价报告建立关联。它是在一段时间内（比如说高中三年）持续收集学生的各种学习表现数据，通过模型计算引擎对数据进行处理，然后对学生进行过程性的学习评价或预测性分析。

牛顿公司的自适应学习平台

张治在《教育信息化：走进自适应学习时代》一书中，介绍了牛顿公司的自适应学习平台。牛顿公司成立于2008年，目前已经吸引了全美100多万名学生在其平台上学习数学等基础学科和阅读，为学生提供内容推荐服务，引导学生进行最适合他的下一步学习和活动，当学生在学习中遇到困难时，自动降低课程的难度以适应学生的发展。

在技术上，这个平台不仅能提供错题本，还运用了一些复杂的逻辑，为学生讲解答疑。系统里有大量内容，并用到了一些统计分析的模型，当学生完成一项学习任务或者在学习中遇到障碍的时候，系统会自动分析此时最应该呈现给学生的是哪一个知识点，判断哪些适合学生开展学习。

系统会给每一个内容打分并加以标注，方便这些内容根据分数排序。而内容打分的一个重要基础就是知识图谱，以及它们之间的相互关系。知识图谱让系统更好地决定哪个内容是最适合学生学习的。这套算法系统能够更准确地判断用户的真实水平，为学生推荐与其水平相适应的学习课程，通过不断提问和测试判断学生的真实水平，再为学生提供与其水平相适应的课程辅导。

在平台上，如果学生在测试过程中遇到困难，系统就会不断地降低测试难度，直到适合用户可以掌握的知识水平。同样，如果用户水平很高，平台就会不断增大测试题目的难度，直到用户遇到学习困难。连续的自适应学习能够以多选的模式和自由试题反馈两种方式，及时给学生发送个性化的反馈，保证学生注意力集中，或者能够快速自我修正，这将调节学生学习的步调，实现迭代发展和快速学习。

自适应学习系统能够建构一个学习社区组织，来改善学生的课程参与度。例如，牛顿公司根据学生使用教材的不同，将学生进行一级分组，再根据学生作业复查机制和学生的能力反馈结果进行二级分组，使每组组员的能力可以互补。自适应课程用一种游戏的方式，悬疑性地逐步增加作业的难度，让学生过关式地进入下一个要学习的层次。它强化多种游戏元素，可以将适应性课程真正转化为游戏性的学习体验。

自适应学习技术的基本原理是搜集大数据—构建学习模型—输出学习建议。其中，学习模型的构建是关键，需要运用计算机科学、数据科学、机器学习、认知科学、教育测量学和学习心理学等多个学科的相关知识和技能来打组合拳才能实现。过去，由于技术本身的限制，以及在教育领域的研究和投入力量不够，开发出来的与教育相关的技术主要在拍照搜题、分层排课、口语测评、组卷阅卷、作文批改和作业布置等学习的外围环节，发挥的是对学习的辅助作用，所以这些技术的应用没有得到一线教师的普遍欢迎和积极响应。

最近这几年，自适应学习技术越来越先进，开发团队对教育、对人的学习过程的理解也越来越深入，这使得新的技术已经有可能深入学习的核心环节，从根本上改变学习的方式，更新人的学习观念，促进正式意义上的教育变革。自适应学习技术的手段，可以让学生的学习路径看得见，让学生的困难及时被揭示，让学生按照自己擅长的节奏开展学习，让学习不再局限在学校的课堂上……学生个性化的学习，将不再是一个遥不可及的梦想，因材施教有了实现的可能。

✲ 先天后天交互作用

人的学习能力和发展水平究竟是取决于遗传这一先天因素还是后天的教养，一直是科学家争论不下的问题，这场争论持续了近百年。现在看来，似乎真理并不在两极，而是在某个中间地带。

1869年，高尔顿（Francis Galton）发表了《遗传的天才》一书，说人的聪明才智及心理发展都是由遗传而来的。他用家谱调查法，查询了997名当时的英国知名人士，发现这些名人有血缘关系的亲戚中有555位同样优异或超过他们；而在另外997位普通人中，只有4位有血缘关系的亲戚超过他们。高尔顿由此断言，遗传素质是人的聪明才智和心理发展的决定性因素。高尔顿最广为人知的成就，就是开创了"优生学"。美国心理学家霍尔（Granville Hall）对高尔顿的观点非常赞同，曾提出"一两的遗传胜过一吨的教育"的观点，将人的发展过程完全归结为生物学上的成熟，特别突出遗传的作用。

强调人的发展是由后天教养决定的，这一观念最著名的代表人物是洛克（John Locke）。他在《教育漫话》中提出的儿童"白板说"，相信很多人都印象深刻。华生（John B. Watson）也是后天教养论的主要代表人物，他说："给我一打健康的儿童，在由我设计好的特定世界里把他们养育成人。我可以保证，无论其天赋、兴趣、能力、特长和他们祖先的种族如何，我都能把他们随机训练成任何一种类型的专家——医生、律师、艺术家、商人、政治家，当然也可以是乞丐和小偷。这里没有一样是能力、天赋、气质、智力结构和行为特征的遗传结果。"① 这句话时时会回响在我们的耳边。在华生的眼中，儿童生活的环境就像一个模具，儿童个体的发展完全取决于这个模具的形状。教育中经常用到的"塑造"一词，其背后就隐含着后天教养的学习观。

从 20 世纪 20 年代开始，人们就这两种相互对立的学习观点开始了无止无休的争论，大家都在寻找相关证据说明本方观念的正确性，同时批驳对方的观念，其中米德（Margaret Mead）和弗里曼（Derek Freeman）的争论最为著名。1953 年沃森（James Watson）和克里克（Francis Crick）共同提出的 DNA 分子的双螺旋结构，没能平息这场争论；2001 年 2 月人类基因组序列图正式绘制完成，也没有办法对这一争论给出具体的结论。不过，也因为这样的争论，先后诞生了很多理论，比如，人本主义理论、心理动力学理论等。

"先天因素即天性，指在发展过程中每个个体在父母的精子和卵子结合的那一刻从父母那里遗传而来的特质、能力和局限性；所谓教养，则是指在发展过程中，个体在父母的精子和卵子结合之后所受到的所有环境影响，包括从母亲孕期营养到文化影响在内的所有影响。"② 在两种观点相互争论的过程中，又逐渐诞生出了第三种观点，即先天与后天、天性与教养的交互作用理论。

表观遗传学是当前新兴的科学研究领域。该学科的研究也表明，虽然我们确实继承了父母的基因，包括和智力相关的基因，但我们所

---

① 谢弗，等.发展心理学：儿童与青少年[M].邹泓，等，译.北京：中国轻工业出版社，2009：63.
② 伯格尔.0—12 岁儿童心理学[M].陈会昌，译.北京：中国轻工业出版社，2016：6.

处的环境却对这些基因如何表达,甚至是否表达起着关键作用。从神经学的角度讲,出生时带着"优良"基因的主要好处,是它可能使人以某种特定的方式更快速地学习某些特定的事物。但是,如今我们更加清楚的,是我们做什么、如何做,以及我们跟什么样的人在一起等,这些因素都能改变我们大脑的构造以及遗传的智力水平。

现在,没有孩子出于遗传的原因而失去求学的机会。即便是那些残障、智障的孩子,国家也为他们创设了各种就学条件,包括随班就读、特殊学校等,实施全纳教育。孩子在求学过程中面临的最大问题是机会不均等。教育薄弱地区和发达地区、城市和农村、重点学校和普通学校的学生,获取的教育资源存在很大差异。让不同个性特点和发展趋向的孩子接受完全相同的教育,没有做到因材施教,也进一步放大了这种差异。人工智能和教育的深度融合,使我们有可能为不同地区、不同学校、不同类型的学生提供更加贴合他们发展需求的资源。约翰·库奇认为,如果使用得当,技术可以成为迄今为止世界上最强大的教育均衡器。只要我们坚信先天和后天交互作用的学习观,就能够在教育中激励学生,让他们真正意识到自己拥有的潜力;就能让优质教育更普遍地发生,让每个学生都能创造非凡的人生。

✻ 学习的最佳效应点

人喜欢的事情和自己擅长的事情通常不是一回事。

比如说你喜欢唱歌,在公园里散步时看到别人在唱歌,就会跟着哼几句;闲暇时会约几个朋友一起到 KTV 去吼上几嗓,不仅可以增加相互的友谊,还有益于自身健康。这是你的兴趣所在,你会发现,很多自己喜欢的事情,往往都在工作之外,比如,养花、钓鱼、体育锻炼、唱歌、品茶……

擅长的事情往往和你的工作有关。有的人特别擅长和别人沟通,在语言表达方面很有天赋，所以选择从事和人际交流相关的工作，就能很好地发挥他的特长；有的人天生具有艺术表现力，一举一动都能给人惊喜，让人忍俊不禁或者有美的享受，他就特别适合去从事与艺术和表演相关的职业；等等。

如果我们模仿一下史蒂芬·柯维的时间管理四象限理论（见图3-1），对这两个维度进行组合，不难发现人做事情存在四种情况：喜欢且擅长的、喜欢但不擅长的、不喜欢但擅长的、不喜欢也不擅长的。如果一个人做的是自己既不喜欢也不擅长的事情，那是非常糟糕的，也永远不会做好，因为他打心眼里就不喜欢这样的工作。一个人如果做的是自己既喜欢又擅长的事情，那就找到了自己的最佳效应点，不仅可以将事情做得很有趣味，而且也容易出成效。

如果做的是擅长但不喜欢的事情还比较好办，我们可以在擅长的事情中找寻兴趣，让自己慢慢地喜欢上它。问题是很多时候，我们遇到的大多是喜欢但不擅长的事情，这种情况应该怎么办呢？蔡康永在微博上有一个栏目《康永——给残酷社会的善意短信》。他说过这样一段话："别随性地想把兴趣变成职业。只是兴趣的时候，不需要任何人点头。你爱怎么唱歌、煮菜，爱怎么设计你家或投资股票，都是你自己的事。一旦把兴趣变成职业，就需要遭遇的每个人点头。兴趣变成任务，花园变成了战场。与其做喜欢的事，不如做擅长的事。留着花园种花吧。"这段话提醒人们不要轻易地把自己喜欢的事情变成自己擅长的事情，比如说你喜欢唱歌，一旦变成了职业，想靠唱歌养活自己估计就不太现实。但这并不是说喜欢的事情就一定不能变成擅长的事情。

你之所以喜欢某件事情，是因为你有兴趣。兴趣有三个层级，初级的叫感官兴趣，就是通过直观感官刺激产生的兴趣，比如，逛街的时候喜欢买衣服，"双十一"喜欢和别人一道"血拼"等。中级的叫自觉兴趣，是在情绪的参与下引发了自己的思考，并对事情产生持续兴趣。比如，看到了绿地里的花，你不仅拍照，回去之后还上网对它的种属进行研究，把它的生长习性搞清楚。高级的叫志趣，这种兴趣就和人的动机直接相关，即把感官兴趣通过自学变成能力，形成志向和价值观。到了这个层面，你在对某件事情感兴趣的过程中，对这件事情的本身就会有更加深入的研究，会形成比较独到的看法，会对别人有启迪的作用，你的兴趣就可能变成职业，你喜欢的事情就变成了你擅长的事情。

约翰·库奇在《学习的升级》一书中提出，重塑教育意味着帮助孩子发现最佳效应点，鼓励和培养他们对学习和自我决定发自内心的热爱，并相信他们可以成为任何想要成为的人，做成任何他们想要做的事。这将使孩子更自信、更坚毅、更主动，并最终更善于学习。而找到最佳效应点的关键在于激发孩子的内在动机。人们在受内在动机驱动时，学习的持续时间更长，对课题的理解更深入，也记得更清楚、更久。调动孩子的内在动机，使其主动学习，是教育界的终极目标，也是最困难的事情。而调动内在动机要把握的关键要素有四个，分别是：自主选择，正确看待失败，刻意练习，坚毅的性格。你看，库奇所说的这四个要素，不正是此前在必备品格部分重点讨论的内容吗？

丰富学习方式，让学习更具有挑战性

2019年12月公布的PISA2018测试结果，让很多人欢欣鼓舞。北京、上海、江苏、浙江的学生在阅读、数学和科学三个素养领域的表现均居参测国家和地区的首位。这从一个侧面反映了我国近些年来课程教学改革的进展和成果。在欣喜之余我们也要看到，还有许多需要改进之处。

辛涛等人在《中小学管理》2020年第1期的文章《PISA2018解读：全球视野与中国表现——基于中国四省市PISA2018数据的分析与国际比较》中，就指出了两个需要引起我们注意的问题。第一，测试结果表明，我国四省市学生课业负担普遍偏重。具体表现在：学习时间长，四省市学生每周校内学习时间总长近32小时，语文（阅读）、数学、科学三科学习时长均在5小时左右，都位居参测国家（地区）前列；学习效率低，四省市学生语文（阅读）、数学、科学三科学习效率分别为119.8分/小时、118.0分/小时、107.7分/小时，国际排名均靠后；主科副科差异明显，语文、数学、科学三科课时数占学校总课时数的将近一半，音、体、美等其他学科课时数不足。第二，测试结果表明，我国四省市学生的学校归属感和满意度偏低。学校归属感和满意度是反映学生幸福感的重要指标。四省市学生学校归属感和满意度分别居参测国家（地区）第51位和第61位，且数据显示，成绩越差的学生，其学校归属感越低。

这些问题的背后，折射出我们的课程设置仍比较功利，课堂教学还比较传统，学生的学习方式依然比较单一。丰富学生的学习方式，是当下课程教学改革必须继续深入推进的一项重要工作。

什么是学习方式？学习方式是指学生在完成学习任务过程中的基本行为和认知取向。传统教育过分突出、强调接受和掌握，冷落和贬低发现和探究，从而导致了对学生认知过程的极端处理，使学生学习书本知识变成仅仅是直接接受书本知识，学生的学习纯粹成了被动接受、记忆的过程。丰富学习方式就是要改变当下的这种学习状态，把学习过程中的发现、探究、研究和创造等认知活动凸显出来，使学习更多地成为学生发现问题、提出问题、分析问题和解决问题的过程。

四种学习空间

约翰·库奇在《学习的升级》一书中，向读者描述了营火、水源、洞穴、山顶等四种学习场景，也就是四种主要的学习空间，以及相对应的学习方式，很值得我们仔细品味。

✻ 营火

营火，就是营地里的火。在远古时期，夜幕降临后，部落的人总会围坐在营火周围，一起烤熟食物，分享故事。歌曲《听妈妈讲那过去的事情》有这样的歌词："月亮在白莲花般的云朵里穿行，晚风吹来一阵阵快乐的歌声。我们坐在高高的谷堆旁边，听妈妈讲那过去的事情……"你看，这就是一幅很典型的营火式学习的景象。小时候在家乡的麦场上，我和一群小伙伴围坐在成人的周围听故事的情景，至今还萦绕心头。

营火式的学习空间，倡导的是一对多的学习，这也是我们最熟悉的学习方式。在教室里常见的教师在讲台上讲、学生坐在下面听的学习方式，就是这样的学习方式。现在流行的慕课、网上课堂、语音直播等多种形式的线上课程，基本上都是这样的学习模式。

✳ 水源

如果你经常看《动物世界》，了解各种动物为了生存迁徙奔走的艰苦历程，就会对水源这样的场景印象深刻。连续的奔波劳累之后，聚集到水源边，互相交流感情，沟通信息，这不仅仅是那些动物最常做的事情，也是人类最常做的。你看，在生存环境艰苦的过去，人类总是择水而居；在生活富足的今天，办公室的茶水间也是人们经常光顾的地方。在水源边有意或者无意的相聚，促成了相互之间的信息沟通和交流分享。

水源式的学习空间，倡导的是多对多的学习模式，强调的是思维的碰撞。英国文学家萧伯纳（Bernard Shaw）有一句话很好地说明了这种学习的特点：如果你有一个苹果，我也有一个苹果，彼此交换一下，还是一个苹果；但如果你有一种思想，我也有一种思想，彼此交换一下，就会有两个甚至更多的思想。在交流彼此的认知，让思维随机碰撞的过程中，往往能迸发出智慧的火花，让人怦然心动、豁然开朗。前面讨论的关键能力中的团队合作，经常采用的就是这样的学习方式。现在经常举行的读书分享会、研究性学习小组的活动等，其主要的学习方式就是水源式学习。

✳ 洞穴

谈起洞穴这个学习空间，我就想起了佛门弟子的闭关打坐。当然，这里所说的洞穴，指的是僻静、不受人打扰的空间。它既可以是相对独立的物理空间，比如自己的书房、像梭罗独居的瓦尔登湖的小屋等自然空间；也可以是在公共空间中给自己找寻的一个独立思考的时空，如坐在图书馆的角落学习和思考，在咖啡馆里阅读和深思，在公园里一边思考一边独自散步，或者坐在操场台阶上的掩面沉思，等等。

洞穴式的学习空间，倡导的是独自反思和思考的学习方式。人从外界获取的各类信息，需要有一个梳理、归类、整合和融入自己认知体系的过程。这样的学习空间能让自己沉下心来，把知识转化成内在的理解，形成对事物的新认识。洞穴式的学习要想取得实效，关键在于平时要养成独立思考、自主学习的习惯，这样当自己有了可以自由支配的时空时，才能够很好地对这一时空加以利用，让所学的知识得以整合，让学习的意义得到升华。人对自己的认识和理解，也主要是通过对自己所做事情的审视和反思逐步深化的。

✲ 山顶

爬过山的人有这样经验，看着面前的一座山，感觉并不是很高，想着要攀爬上去应该是很容易的事情。但当你真的付诸行动，就会发现爬上这座山绝不是一件容易的事情。山峰似乎就在前面，可是攀登的过程总是峰回路转，让你感到到达山顶始终是很难的事情。自己根据所学的知识对事物做的判断和推理，往往和现实生活有一定的差异，只有通过实践才能发现真知。陆游在《冬夜读书示子聿》一诗中说"纸上得来终觉浅，绝知此事要躬行"，讲的就是这一道理。

山顶式的学习空间，倡导的是在实践中学习。尽管学习了许多有关游泳的知识，但如果不亲自下水去游，还是无法体会游泳的滋味的；尽管在驾校的交通法规等理论知识学习考试中取得了高分，但当第一次坐在驾驶座位上准备启动车辆时，依然会非常紧张，因为从来没有这样的实践经历。很多事情只有自己去实践了，才知道书本上说的知识是怎么回事，才会让书本上的知识真正转化为自己的学习能力。实践中的学习有一个很重要的优势，就是它具有内置的反馈系统，会在你具体实践的过程中不断提供及时的反馈,包括那些正确的做法和所犯的错误,这可以让自己不断调整学习的策略和节奏,以便能够实现登顶。

　　上述的四个学习空间或者说学习场景,在学习的过程中均有其价值和意义,都是能够促进学生实现有效学习的学习方式。营火式的学习空间,是学生汲取知识的有效途径,一对多的学习方式从知识传授的角度看,是非常经济实惠而且高效的。水源式的学习空间,重在促进学生的知识交流和讨论。尽管一个班级的学生的同一门课程一般由同一个教师授课,但由于学生大脑学习的机制和学生对学习环境的感受不一样,他们在课堂上获得的知识内容往往不完全一致,对某一知识的理解也会存在各种偏差。这样的互动交流可以让学生意识到自己此前没有关注的方面,获得学习中的顿悟。洞穴式的学习空间,强调的是独立思考和反思,重在让学生把所学知识转化为内在的理解。知识只有被学生真正理解了,才能够整合到学生已有的知识结构体系之中,提升学生的认知能力。山顶式的学习空间,强调要通过实践来检验自己所学的知识是否真实有效,从而实现对知识的透彻理解。

　　在现实中,学校最经常给学生创设的是营火式的学习空间,水源式的学习空间在大多数学校里基本没有。"水源"倡导的是相互合作的学习方式,包括学习的过程,完成开放性的作业等。但基础教育对学生的评价从来不考虑采取类似于"水源"的评价,即通过观察学生在合作学习中的表现来对他们做出评判。在我们这个以考试为风向标的教育国度里,与评价无关的学习方式不被重视,也就可以理解了。洞穴式的学习空间在学校里虽然存在,但很少被教师纳入教学设计之中,有针对性地加以引导,基本上处于放任自流的状态。山顶式的学习空间也基本没有,学生每天做的都是从抽象到抽象、从试卷到练习的反复操练。丰富学习方式,就是要让这四种学习空间、四种学习方式能够常态化地出现在学生平时的学习过程中，学生能够根据学习内容和自己的学习状况，灵活选择相匹配的学习方式，让学习达到最佳状态。

五个关键要素

除了为学生营造多样化的学习空间外，营造的学习环境、依据学习风格有针对性地指导学生学习、在学习的过程中突出概念为本、注重构建多元化的联结、促进学生之间协作学习的发生，这五个关键要素也对学习有重要的影响。

✱ 学习环境

脑科学的研究表明，负面情绪对人的注意、学习和记忆都有很大的损害，而积极情绪能影响认知联结的广度，让学生在创造性思维的活动中获得更好的表现。教师是创建和保持积极的创造性情绪氛围的主要角色，要通过教学组织，积极营造氛围，让学生参与到能提升积极情绪的活动中来；要巧妙设计活动，让学生与学习内容或技能建立情感连接。提升学生积极情绪的举措很多，如表扬学生的具体行为、对学生的努力做出评价、构建师生之间无时不在的沟通文化场、通过仪式建立群体认同、测试学生情绪的温度、与家长建立良好的联系、让幽默和艺术充盈课堂，等等。其中，安全感是课堂情感氛围的核心，学生在舒适和自信的环境中，能够学得更好。

学生所处的生活和学习环境中群体的态度，对他的态度的养成有着不可忽视的作用。父母、教师的饮食习惯、生活习惯以及对待外界事物的方式，会潜移默化地对学生产生影响，让他们也形成类似的、对相关事物的应对态度。学生的很多态度往往在自己还没有意识到的情况下，就已经被家庭、学校以及周围的环境给同化了，以至于在这样的群体中，学生做的一些事情被认为是理所应当的。

学习环境不仅包括精神层面的，也包括物质层面的。研究表明，学生在课堂学习中发现意料之外的事情时，注意力会高度集中，对信息的记忆也会明显增强。这提醒我们，物理环境的经常性变化是吸引注意和提供视觉刺激的有效工具，选择性的注意也有利于大脑滤除那些既无关也无用的信息，促进思维的聚焦。研究还表明，学生在有着大的落地窗能充分享受自然光线的教室里学习，要比在日光灯下学习成绩提高至少20%；同时，经常让学生参加户外学习活动，能有效降低近视的发生。而各种各样的噪声，则对学习有着明显的干扰作用，即使是那些轻松的背景音乐，在学生需要进行高级认知处理时也会成为一种干扰。秩序和美，是教室里的两个关键因素，有规律性地调整座位、改变视觉显示的方式、经常增加与教学有关的物品，同时去掉那些与教学无关的物品等，都可以给学生带来新的刺激，提升注意力。

✱ 学习风格

1954年赫伯特·赛伦（Herbert Thelen）首次提出了"学习风格"的概念，但直到20世纪70年代，学习风格才作为一个重要的认知因素在语言教学和心理学领域得到重视。[1]学习风格指的是人在学习时具有的或偏爱的加工信息的方式，表现在个体对外界信息的感知、注意、思维、记忆和解决问题的方式上。换句话说，学习者在研究和解决其学习任务时，表现出来的学习方式具有鲜明的个性化特征。

按照不同的分类标准，可以将学习风格分为不同的类型；如果对每

---

[1] 宋煜华. 学习风格理论研究概述 [J]. 科技视界，2014 (33): 255.

一种学习风格进行细化研究,又可以将其细分为更多类型。但目前大家讨论最广泛的学习风格主要有三种,是从个体对感觉通道的偏重这一维度进行分类的。(1)视觉型。这类人比较容易接受视觉信息,在学习的过程中更喜欢使用图片、图像、图表、颜色和思维导图等,会把要学习的东西在脑海中组成相应的图像和片段。(2)听觉型。这类人比较容易接受听觉信息,喜欢借助声音、节奏、音乐、录音、押韵等方法学习,这样他们就容易理解、记住。有的学生自己看一个问题,左看右看看不明白,老师将这个问题念上一遍他就立刻理解了,这样的学生或许就具备听觉型学习风格。(3)动觉型。这类人是"边做边学"的人,不善于从书本上接受知识,更喜欢借助自己的身体来帮助他们学习。绘制图表、角色扮演等都是动觉型学习者的学习策略。

教师如果同时带了几个班级,经常会遇到这样的情况:教学内容在某个班级里推进得非常顺利,到了另外一个班级就磕磕绊绊的,让自己感到非常别扭。这或许就与两个班级学生整体的学习风格有差异相关。教师的教学方式不变,这种方式与一个班级整体的学习风格相匹配的时候,教学推进就会比较顺利;如果不匹配,则难度就比较大。对学生个体来说,教师的教学方式与他的学习风格之间的差异就更大了,特别是对有学习障碍和独特学习风格的学生而言,学校里大部分的课程对他们来说都是难以跨越的障碍。基于自适应学习的个性化学习,可以让学校提供的学习内容更加匹配学生的学习风格,让更多的学生品尝到成功的快乐。

✻ 知识联结

传统的学习活动比较强调对概念的记忆,评价一名学生的学业水平,也常常以他是否能准确记忆一系列的概念和规律为标准。但现在的情况有了很大不同。有了搜索引擎,再加上智能助手的普及,人们只需要动动手指或者用语音发出一个指令就能够找到各种事实性的信息。如果你对 2020 年的 2 月 29 日很感兴趣，向身边的智能助手提出这个问题，很快，它就会将你需要的相关信息在互联网上搜索出来，并报告给你。你可以持续不断地向它提出一系列的问题，然后可以让它把这些问题的答案都汇总起来，发送到你的邮箱或者某个收藏夹里。就在这样的相互对话过程中，你已经获得了有关 2 月 29 日的各种信息。在人工智能飞速发展的今天，花费大量的精力记忆那些诸如国家和首都的名称，以及其他很容易获得的信息，无异于浪费时间。

学习过程中涉及三件事情：检索（能够找到事实）、记忆（能够记住事实）和理解（能够运用事实）。如今，技术使检索变得极为容易，使记忆变得毫无价值，只剩下理解——理解恰恰是这三件事中最关键的。[①] 理解需要通过事实来说话，需要基于证据或者逻辑得出结论。有时一群人聚集在一起说话，自己总有说不上话的感觉，其原因往往就是聊的话题不在自己熟悉的知识范畴，无法理解会话的意义。同一个班级的学生，在理解某一概念和规律时，也会出现很大的差异，这或许与部分学生没有掌握其中的核心内容，没有抓住关键点把相关的知识都联系起来，自己在脑海中留存的只是一些零散的、没有太大价值的知识点有关。

前面我们谈到，由于所处的环境、个人的学习风格等差异，每个学生的脑神经的联结方式各不相同，这些不同导致了学生在学习知识的过程中学习速度、学习方式的差异，班级授课制的教学不注重学生在脑神经联结方面存在差异，总是希望用同一种方式让学生在规定的

---

① 库奇，汤，栗浩洋. 学习的升级 [M]. 徐烨华，译. 杭州：浙江人民出版社，2019：68.

时间内学会某一知识,其结果已经证明这是不可能的。脑科学的研究还发现,脑神经联结的方式越是丰富,牵涉的信息通道越多,学生对知识的理解就越容易。这就要求我们在教学中,必须关注各类事物、各种知识之间的联结,引导学生善于在将要学习的新知识与已有的知识之间建立联系,能够在相似的情景下发现内在规律,深化对知识的理解;引导学生学会提问,学会和他人合作去寻找问题答案,脚踏实地地做出令人赏识的成果,为正在形成的知识大厦添砖加瓦,而不是单纯索取。在这个充满信息和联系的世界中,学生需要发展这些深层次的、终身学习的习惯和品格。

★ 概念为本

学科的核心概念具有牵一发而动全身的作用。无论课程教学改革以怎样的方式推进,只要抓住学科核心概念这一根本,就不会在改革的道路上走偏。

案例 "第二次世界大战"的教学目标

林恩·埃里克森(Lynn Erickson)、洛伊斯·兰宁(Lois Lanning)写的《以概念为本的课程与教学:培养核心素养的绝佳实践》一书,介绍了让学生理解第二次世界大战这一知识的教学目标设计。

请看下面这些目标:

1. 识别美国参与"二战"的原因,包括专制膨胀、珍珠港事件等。

2. 分析"二战"的重大问题和事件,比如,发动多方战争、中途岛战役、诺曼底登陆、使用原子弹等。

3. 评估战争对一个国家的主要耗费和益处。

4. 解释"二战"期间一些著名军事领导人起到的关键作用。

这是传统的教学目标。在传统的课程教学中,教学目标的设计往往聚焦于要学习的内容,虽然教师也会关注这些学习内容背后的能力和方法,但这些能力和方法也仅仅是附着在学习内容上的,是为学生掌握学习内容而服务的。

再看下面这个关于第二次世界大战的目标设计:

1. 学生将知道:(1)美国参与"二战"的原因;(2)"二战"的重大问题与事件,比如,发动多方战争、中途岛战役、诺曼底登陆、使用原子弹等。

2. 学生将理解:(1)国家间的争端会导致政治、军事和经济等方面权力平衡的转变;(2)中立国可能会被迫去调停争端,以保护自己的利益;(3)战争期间政府会动用人力、军事和政治资源;(4)战争期间的军事资源需求会促进就业、刺激衰弱的经济。

3. 学生将能做:(1)利用各种媒体和资源搜集、获取信息;(2)通过对不同类型信息的识别、对比等,找出主要观点,得出相关的推论;(3)能识别书面、口头和视觉材料中的各种偏见。

这就是突出概念为本的教学目标设计。这样的设计提供了一个不同层面心智处理的清晰描述:在事实性层面上能"知道",在概念性层面上能"理解",在技能和过程层面上能"做"。

知识的结构展现了课程设计的流程,即从主题和事实开始,将它们结合在一起找出重要的相关概念,这些概念又连接在一起形成跨越时间和相似情景的概念性理解,即概括或原理。举个例子来说,我们让学生认识我国的国旗、番茄、红辣椒、草莓等事物,认识拜仁慕尼黑足球队的主场球衣等各种主题和事实,从中可以找出它们一个共同的特点，即在颜色上的相似性，并用"红"这一概念来定义。用类似的方式，还可以进一步定义"黄""青"等概念。在这些概念的基础上，又能够做进一步的概括，阐述它们之间的关系。比如说，"红、黄、青是三原色，其他各种色光均是通过上述三原色的不同比例搭配出来的"，"红、黄、青是按照色光的频率由低到高的顺序分布的"，"三种色光在空中传播时均遵循 $v=\lambda f$ 的规律"，等等。

学习内容中的主题和事实，是对具体的事件、情境的描述，无法跨时间、跨文化、跨情境迁移。如果教师的教学总是聚焦在这些具体问题上，学生也只能就事论事，无法实现就事论理，更别说借题发挥了。概念则是对具体事实的抽象。它具有以下几个方面的特征：一是不受时间和空间的影响；二是具有普遍性；三是使用一两个词或者短语来表述；四是具有不同程度的抽象；五是有多个实例可以分享共同属性。正是因为概念具有这样的特征，所以它可以跨时间、跨文化、跨情境迁移。我们将物体放在水中学到的"浮力"这一概念，可以用于物体放在各种不同的液体中，也可以迁移到气体中物体的受力分析，这就充分体现了概念迁移的基本特点。

概念为本的学习指向概念、概括及原理，并把主题和事实作为达成深度概念性理解的工具。这种学习方式重在为学生创设引人入胜的学习体验，这种学习体验以概念为中心，以实际的问题为驱动，通过创造真实作品来解决问题，并和真实的受众来分享。在这个过程中，着力实现概念性的迁移，为学生提供复杂思考和理解的跳板，而这两者正是职业准备和终身学习的关键。

✳ 同伴互助

同伴互助最初是由美国学者针对教师专业发展和专业培训而提出的一种学习方式。在 20 世纪 80 年代以前，教师的专业培训主要是让教师在学者、专家的引领下学习新的教育理论，再返回学校实践。这样的培训被证明收效甚微。20世纪80年代初，美国学者乔伊斯（Bruce Joyce）和肖尔斯（Beverley Showers）首先提出了"同伴互助"的概念。他们在研究中发现，教师若能与同事或同伴保持互相信任和依赖的关系，共同规划教学活动、互相提供反馈意见和分享经验，那么这些拥有"同伴互助者"的教师比那些独自工作的教师更容易运用新的教学策略和方法。后来，同伴互助的学习方式逐渐被认可，成为推动教师发展的一种重要力量。

不仅教师的专业发展需要同伴互助，学生的学习更需要同伴互助。相较于教师对学生的学习指导，同学之间更能相互影响。这是因为他们有相似的学习经历，更容易体察对方的学习境况；他们有相同的话语体系，在互动交流的时候不存在语言的障碍；他们有各不相同的通道联结，看问题的不同切入点、关注点，更容易给对方启发。

杜威在《思维与教学》一书中说，在学校里，学生思维训练失败的最大原因，也许在于不能保障像在校外实际生活那样，有可以引起思维的经验和情境。当学生的学习不再被限制在固定的桌椅上，不再被限制在固定的教室中，当学校的任何地方都是学习发生的环境，任何角落都是学生活动的地方，当学习过程本身就是学生的生活，真实的学习情境就是学生所处的世界时，这所学校才可能是一所未来学校，这样的学习才可能是学习本该具有的样貌。

挑战式学习

在讨论挑战式学习这个话题之前，我们先回顾一下最近在学校比较流行的一种学习方式——项目制学习（项目学习）。

项目学习（Project-Based Learning，简称PBL），最早是由美国教

育家克伯屈（William Kilpatrick）于1918年在他发表的《项目教学法：在教育过程中有目的活动的应用》一文中提出的。他强调项目教学的思想是让学生通过实际活动去学习，认为知识只有通过行动才能获得。在美国的教育中，"做项目"已经是一个长期传统，项目学习就是植根于这种"做项目"的传统之中的。

我国在世纪之交的课程教学改革，在课程设置、学习方式变革上的一大创新，就是设置了研究型课程，鼓励学生开展研究性学习。为了促进这种新的课程形态、新的学习形态在基层学校的落地，国外一些先进的教育理念和教学改革的举措纷纷被引进，很多学校和教师就是在这样的背景下熟悉项目制学习、做中学，并逐渐认识到其价值的。人们认为项目制学习作为一种教学方法和学习方法，是对复杂、真实问题的探究过程，也是精心设计的项目作品、规划和实施项目任务的过程。在这个过程中，学生能够掌握所需的知识和技能，发现和解决实际问题的能力也能得到很好的培养。

项目制学习契合了核心素养培育中对学生高阶思维能力培养的要求，又是实施研究性学习的一种重要学习方式，所以近年来得到了广泛重视，不少学校通过创新实验室、拓展型课程、研究型课程和综合实践活动等多种途径引导学生参与项目制学习。很多教师在这方面做了有益的探索，研究如何将书本的知识转化为可以研究的项目，如何将项目和真实的问题相衔接，如何在解决真实问题的过程中培养学生综合运用知识的能力，以及批判性思维能力等。有关项目制学习的专题论坛、专项研习活动开展得如火如荼。

苹果公司的"明日苹果教室"是推进课堂教学的试验田。他们对现有的教学方式提出了质疑，探索是否可以不需要指导手册、剧本和路线图来填充教学内容，尝试通过新的形式来确保教学内容和学习过程始终保持相关性、创造性、协作性和挑战性。为此，他们研究出了一种新的学习方式——挑战式学习（Challenge-Based Learning，简称CBL）。它和项目制学习主要有三个方面的差异："第一，在项目制学习中，教师经常指定学生去完成某项目，而在挑战式学习中，教师会鼓励学生们一起设计自己的项目。第二，在于使用技术的方式。在项目制学习中，技术并非不可或缺，甚至有时候根本不需要使用技术。相比之下，在挑战式学习中，技术贯穿了整个过程的各个阶段。第三，项目制学习经常受限于能够在课堂或学校环境中完成的想法和项目，而挑战式学习则要求学习者积极加入更广泛的社区，针对直接影响他们生活的实际问题去设计方案并实施。"[1]

挑战式学习是一种以探究为基础的学习框架，它使学习者面临一系列个人和团队的挑战，从而使学习过程更具相关性和趣味性。通常情况下，项目制学习过程中，教师对涉及的项目以及项目的最终成果是知晓的，因此能够根据学生项目活动的进展情况及时对学生加以指导，以保证项目按照既定的方向进行。但在挑战式学习中，教师对选定的研究课题的最终成果也是不够清晰的，需要和学生一起探索，共同协商推进项目的深入。

---

[1] 库奇，汤，栗浩洋.学习的升级[M].徐烨华，译.杭州：浙江人民出版社，2019：113.

融入教育领域的智能革命

所谓智能，简单来说就是智力和能力的总称，与人的意识、自我和思维等有密切的联系。心理学家经过长期研究，对人的智能有了较为初步的了解，但总体看来，人类对构成人的智能的必要元素的了解还是有限的。斯坦福研究所人工智能中心主任尼尔逊（Nils Nilsson）教授曾对人工智能下过这样一个定义："人工智能是关于知识的学科——怎样表示知识以及怎样获得知识并使用知识的科学。"这一定义反映了人工智能学科的基本思想和基本内容，即人工智能是研究人类智能活动的规律，构造具有一定智能的人工系统，研究如何让计算机去完成以往需要人的智力才能胜任的工作，也就是研究如何应用计算机的软硬件来模拟人类某些智能行为的基本理论、方法和技术。

教育做的不也是研究人的智能活动的规律，并促进人的智能更好发展的工作吗？所以，教育最有必要和人工智能密切融合，并在智能革命中贡献自己的力量。

信息技术在教育领域运用的发展层级

信息技术在教育领域的运用，大体可以分为四个不同层级。

✱ 技术作为教学内容

现在各学段的信息技术课程做的主要就是这方面的工作。包括了解计算机、网络的基本原理，能运用相关的智能设备和网络检索、传输和整理需要的信息，并能对信息的真伪做出基本的判断；学习相关软件的操作方式，能较为熟练地运用这些软件开展学习和工作；会做一些基础性的程序设计；具有较强的信息意识；等等。信息技术不断地升级换代，有关这些技术的学习也是需要与时俱进的。

✲ 技术作为教学工具

将技术作为学科教学的辅助工具，是当下学校教育、课堂教学的常态。从最初的幻灯片、投影仪，到后来的电化教育，再到计算机在课堂教学中的广泛应用，以及近些年来的智能电子白板的逐渐普及，技术作为教学辅助工具的定位基本上没有改变过。教师使用最为频繁的，是PPT课件、动画演示、音频和视频的播放、网络信息的检索等功能。

技术作为工具的优点是毋庸置疑的。第一是节约时间。学生不必在简单、重复的活动中浪费精力，可以花更多的时间在深层次的分析和研究上。第二是形象直观。很多时候，学生对抽象的概念和事物比较难理解，过去主要靠教师的讲解，学生感到比较吃力，技术可以把这些抽象的概念和事物用直观、鲜明的方式呈现出来，为学生搭建理解知识的阶梯。第三是可以捕捉那些转瞬即逝的瞬间。有很多现象发生的时间很短，在短暂的时间内变化又很迅速，这些变化的细节过去是很难再现的，学生不容易做到细致了解。信息技术可以实现将瞬间的过程慢镜头回放，或者以虚拟的方式让过程再现。第四是可以洞悉那些宏大的或者微小事物的变化特征。有些事物太庞大，比如说宇宙；有些事物又太微小，比如说细菌、病毒和纳米机器人。有了信息化的手段，它们都可以通过被缩小、被放大等措施，帮助我们了解其变化的特征……

将技术仅仅作为教学的辅助工具，是一种教育资源的浪费。计算机本身的很多功能，相关软件的奇妙之处，在这种情况下都不可能得到充分的运用。就如同给你的是一座高射炮，你却用它打苍蝇，大材小用啊！

✱ 技术改变教学模式

长期以来，教育界人士始终不断地在推进各种改革，一直在探索减负增效的路径和方式。有的是在教学环节中对学生活动的深化研究，将启发式、探究式和小组活动等多样化的活动方式融入课堂教学的设计之中，看是否能让教学的成效更加明显；有的是在教学流程中对教的过程与学的过程进一步细化和研究，如导学案等，并因此梳理出了这样或那样的教学模式；有的是对课程的重新架构，通过主题式的活动设计、综合型的课程推进等，探索从课程设计、课程实施到课程评价的系统改变……一线教师几乎尝试了各种可能的改革措施，但总体上看还是在一些点上的经验和案例总结，仍没有找到具有普适意义的有效路径。

原因其实很简单，所有的改革实践都是在现行的班级授课制的框架下做文章，学习的内容是教师按照自己对学科知识的理解设定的，对所有学生的学习要求是统一的，学生没有选择的余地；课堂的节奏是由教师掌控的，学习的步调是一致的，学生总是在规定的时间进入下一部分内容，不管是否真正理解；教师在传授知识的过程中讲解太快，很多原本相互关联的概念被人为地分到了不同单元、不同学科，导致学生只是学到了一些术语和解题过程，无法真正理解其精髓。如果有学生出于各种原因漏上了部分课程，要想跟上教师的进度，压力会非常大。

技术的快速发展，让学习有可能突破班级授课的教学模式，一些新的实践探索相继涌现，慕课、微课程、翻转课堂……成了人们关注和实践的热点。慕课和翻转课堂，是对现有教学模式的革新，有力助推了学生的个性化学习，让那些先行先试的教师看到了教学模式变革的希望。

✳ 技术改变学校形态

无论是工具与技术的改变，还是教学模式的改变，都属于教育的局部变革，而且是非刚需性的变革。这样的变革很有必要，但这样的改变远远不够，完全不能满足社会快速变革的需求，更别说引领社会的快速发展了。有一个问题经常被人们提起："为什么计算机改变了几乎所有领域，却唯独对学校教育的影响小得令人吃惊？"对于这个耐人寻味的问题，2011年9月，美国联邦教育部长邓肯（Arne Duncan）给出了答案：原因在于"教育没有发生结构性的改变"。

教育结构性的改变体现在以下几个方面。

一是学校不再是固定在某个区域的封闭空间，整个社会都是学生学习的场所。2014年新创办的密涅瓦大学，就是这样一所学校。学生第一年在旧金山学习基础课程，之后的三年时间里，将先后到德国柏林、英国伦敦等世界六所城市学习和生活，除了学习大学设置的课程外，还要学习当地的语言和文化，在当地的世界级著名企业里实习，建立真正的全球网络和增进对世界的理解。整个城市就是他们的校区，学生无论身在何处都可以通过慕课学习相关的课程。

二是年级的界限逐渐变得模糊，依据学习水平确定的学习层级激励学生更多地参与到挑战之中。同一个年龄段的人，并不意味着他们的身心发育就是一致的。在未来的学校里，学生将不再根据年龄分级，而是依据对知识理解的能力水平来划分，不同年龄的人会同时学习相同的学习内容，一个学生在不同学科的学习中遇到的同学也是各不相同的。

三是学习的内容不再局限于现有的课本。对一门学科来说，课程标准更加重要，智能终端以及5G无线网络的普及，将极大地改变所学内容与资源的链接方式。全球的教育资源、过去和现在沉积的资源都可以在极短的时间里汇聚在一起，供学生学习和借鉴。学科的学习将演化出不一样的教学方式和学习方式，从而促使整个教育生态的改变。

四是学习的节奏不再是确定不变的。什么时候开始学由学生自己来确定；是在校园里还是在家庭中学习，是通过实践来学习还是从浩瀚的资料中寻求证据，也是学生说了算；学生学了之后做网上测试，对结果不满意可以重新进行学习和测试。测试不是为了获得一个分数，而是满足自己的好奇心和求知欲。

五是合作学习将成为一种常态。学习的目的是能够用来解决实际问题，那些不同学校、不同年龄段的学生会为了一个共同关心的话题而组织起来，设立项目进行挑战式学习，指导教师也不局限于某个学校的老师，相关领域的专家会直接介入学生的学习活动之中，和学生一起探索和发现。

六是技术不再是辅助教学的工具，而是创造个性化学习体验、满足学生内在需求的重要途径。现代信息技术提供的自主探索、多重交互、合作学习和资源共享等学习环境，能把学生的主动性、积极性充分调动起来，使学生的创新思维与实践能力在整合过程中得到有效锻炼。

七是人的精神面貌会随之发生改变。技术与教育的深度融合，一方面将促进比较民主的学习模式的形成，另一方面要求教师、学生要用好信息化技术让自己变得更加强大。在这个过程中，教育和技术的关系、技术和人的关系以及人的观念等将重新建构，这是触及人的内核的最核心的改变。这些最核心的转变，往往涉及结构的系统变化，往往需要每个人内心经历改变的过程。

未来教育的五种新场景

新技术的涌现以及在教育领域中的应用,将带来一系列全新的教育场景。教育工作者要提前做好准备,积极拥抱即将到来的智能革命,在教育改革的道路上走出坚实的步伐。下面从未来智能革命比较关键的技术角度出发,简要介绍未来教育的五种新场景。

✱ 智能助手成就的新场景

如果你的家里有一台智能助手,你就会发现每天的生活被它改变了很多。早上起床不用再设置闹铃;做饭的时候你想听听新闻,它会推送你最想听的;闲暇的时候想听点儿音乐,它能根据你平日的选择推测你的听歌风格和习惯,为你推送你想听的曲目;家里如果有孩子,你想了解那些常识性的教养知识,只要问一下这个小助手,它也是有问必答……人工智能小助手这个像人一样思考的机器,已经走进了我们的生活,悄悄地改变我们的生活和学习方式。

在教育领域,人工智能正在做的一项重要工作,就是跟踪记录学生学习实践过程中的各种数据。过去,这些数据的采集、输入和整理分析都需要人工操作,非常耗时,也很不方便,不能满足教师教学的工作需求,所以很难在教育领域获得广泛应用。人工智能的快速发展,使得数据采集、输入和系统分析等成了自动化的行为,而且越来越多的关联数据被采集和整理,每一种学习活动都会被记录下来。假以时日,人工智能设备可以很方便地为每个学生画出一幅仅属于他自己的独特画像,让学生、家长和老师能够看到这个非同寻常的个体,也为因材施教教育原则的实施提供了基础性保障。

在不久的将来,每位教师、每位学生都将有专属于自己的人工智能助手,上述的这些数据,将被这些智能助手广泛采用。教师通过智能助手了解每个学生的个性特点、发展中的优势和存在的问题，并为他们推送最适合学生学习的内容。原本批改作业、统计成绩等常规性的工作，将由智能助手来替代，教师的工作将更多地体现在激发学生的深度思维、提升他们的核心素养上。学生通过智能助手可以完成事实性知识的查询、基础数据模型的构建与分析等日常性的学习任务，将腾出来的时间更多地用在建立知识的相互联系、分析知识的内在结构上，让自己把更多的时间和精力放在高阶思维的层面上，不断提升自己的创新能力。

✹ 自适应学习催生的新场景

在互联网上，有很多辅助孩子学习的平台和微课，但大多默默无闻，萨尔曼·可汗的"可汗学院"却做得风生水起，吸引了全世界无数的孩子在这个平台上学习。可汗学院之所以能够具有吸引人的力量，是因为他们在学科知识图谱的建构上花费了大量精力，构建起了学科知识结构的生态树。当孩子进入平台学习时，平台通过对他的学习状况的及时诊断，很快便能判断出他当前对哪些知识是理解的，在什么地方出现了问题，需要进行怎样的补救学习才能弥补学习过程中的漏洞，并自动为他匹配相关的学习内容。当这些知识图谱被一个个地构建起来，并与自适应学习的技术相融合之后，可以催生一系列的教育新场景。

比如说，学生作业的布置将不再步调一致，即便学习相同的知识内容，因为学生理解和掌握的情况不同，需要给学生匹配的配套巩固练习也是不一样的，根据学生的实际布置个性化的作业将成为常态。比如说，学生在一个单元学习中的学习进程也不再相同。有的学生对该单元的知识驾轻就熟，可能在很短的时间里就已经把握了其精髓，可以进入下一单元的学习了；有的学生在学习本单元的过程中磕磕绊绊，遇到了这样或者那样的障碍，需要花费较长一段时间才能够完成学习任务。比如说，对不同学生的评价要求也是不一样的，有的学生有自己的志趣爱好，对某些学科的学习只要达到基本的学习要求即可，不需要很高的难度，相应的学业质量测试就是基于课程标准的；有的学生对这门学科有浓厚的兴趣，花了很多时间做研究和探索，其掌握的学科知识内容已经远远超出课程标准的要求，就需要有与之匹配的测评工具对他测量，以鼓励他继续保持好奇心和求知欲。

自适应学习为每个人找到了感受学习成功乐趣的最佳着力点。那些在传统教育里始终考试不及格、始终被"另眼相看"的学生，可以通过自适应学习找到问题所在，找准学习的起点以及迈向成功的最佳路径；那些平时学习尚可甚至非常优秀的学生，也能够从知识图谱中发现理解学科的阶梯，并拾级而上。每个人走的都是自己学习的独特之路，不用和别人比较，总是在和昨天的自己相比较的过程中，发现自己成长的足迹，激发自己学习的乐趣和自信。在学习过程中，每个学生不同的学习路径和方法都会被尊重，学生丰富多彩的学习方式将共同奏响个性化学习的华丽乐章。

* 增强现实技术创设的新场景

学生正坐在学校的操场上看比赛。突然，只见操场上涌出了水，一头大鲨鱼从水里突然高高跃出，将几条小鱼吞到了嘴里……这不是科幻小说，利用增强现实技术很容易实现这样的场景。前段时间，日本已经成功地利用增强现实技术，让邓丽君"复活"了。在演唱会上，人们看到似乎真实的邓丽君在演唱，那些歌迷们禁不住流下了激动的泪水。

虚拟现实技术是通过头戴式的显示设备让我们置身于数字世界之中，很多电脑游戏就是采用这样的技术开发出来的。而增强现实技术则是将数字世界叠加到真实世界之中，人们不用佩戴任何智能设备就能在现实世界感受到虚拟世界的魅力。这样的技术现在已经比较成熟，并在游戏、娱乐等领域有了应用场景。如果将其运用到教育领域，将会发生怎样的变化呢？

首先，学生的学习将会虚实结合。如果学生在学习过程中遇到了一些平时不太可能见到的知识，理解起来有困难，教师就可以利用增强现实的方式将与该知识相关的各种自然场景呈现在学生的面前，让学生"身临其境"。到了那个时候，学生可能已经分不清哪些是真实世界，哪些是虚拟世界，因为两者可以让学生产生相同的真情实感。其次，学生学习用的教材也是虚实结合的。在学习某一知识的过程中，你可以通过增强现实技术将与该知识相关的视频、图像、图表、文本等各种信息进行标记，并分门别类地储存在你的智能设备上。只要你需要，这些信息就会自动推送到你的面前，不管是人物传记还是太空探索，这些内容都会栩栩如生地呈现出来，很少是静态的文字或图片。再次，再过几年，当全息技术更加成熟之后，我们学习某件事情连电脑屏幕或者手机屏幕也不需要了，全息技术生成的图像具有更加高清的质量和逼真效果，而且不仅仅有视觉，还有嗅觉、触觉、味觉和听觉等多种感官的参与。你要学习一种植物，研究它的花，马上它的花就能呈现在你的面前，你可以观察，也可以用手去抚摸，还可以闻闻它的香味……到了那个时候，真的就是"假亦真来真亦假"，你完全傻傻地分不清真假了。

✱ 物联网与移动技术带来的新场景

物联网，简而言之，就是万物相连的互联网，是在互联网的基础上，将各种信息传感设备与互联网结合起来而形成的一个巨大网络。其中用到的主要技术包括射频识别技术、全球定位系统、红外感应器、激光扫描器等。比如说,现在学校里使用的校园卡等,通常都内嵌了射频识别技术,在校园无线网络全面覆盖的情况下,其内部存储的信息就会被激活并发送出来,学生每天在校园里的生活轨迹便能一清二楚地呈现出来了。你可以记录学生每天何时到校,何时离校,什么时间去吃饭,在图书馆待上多长时间,体育运动有什么样的规律……你看,一个小小的技术更新,就可以让你获得学生大量的数据,可以帮助你更加精准地为学生画像。再比如说,如果学生阅读时采用的是数字荧光笔,他在阅读过程中的画线部分、做记录的内容也会被记录下来,他在某些段落停留的时间长短也会被记录……这些都能为精准分析学生的阅读行为提供翔实的基础数据。

今天,携带便捷的智能手机、微型平板电脑和佩戴可穿戴设备,正在迅速取代台式机和笔记本电脑,成为人们学习、交流和娱乐的重要工具。这些移动设备时刻保持在线的状态,随时随地都能连接互联网和物联网。经由这些移动设备推送的内容,绝大多数是免费的。从目前的发展趋势看,这些学习内容最终将免费提供给有需求的人。移动设备以及背后的支撑平台的这种运作方式,将给当下的教育体系带来巨大的冲击,当人们随时随地都能免费获取高质量的教育内容时,学校应该拿什么奉献给学生?

在学习领域,很多设备将纳入物联网的体系之中,学生坐的椅子、学习用的桌子,各种教学器材和设备等,都会互联互通起来,并通过移动技术及时存储各种数据。到那时,学生在学校里的一切活动,都是可以被记录、被观察的。3D打印技术近几年非常流行,它在鼓励学生将想法变成现实,将大脑中的概念变成实体模型,从被动的学习到主动的创造等方面具有独特的价值。在教学生学习电场线时,因为被教材呈现的平面图样限制,很多学生对电场线的立体图景是没有概念的。教师如果让学生用3D技术亲自去打印一个这样的立体模型,相信会大大促进学生对知识的理解。同样,如果将3D打印机也纳入物联网中,把学生创造性的探索过程记录下来,那将是非常精彩的学习图景。

✸ 专业平台和服务商营造的新场景

智能技术非常专业,它们依托的平台需要大量数据来支持相关软件的运行,需要庞大的服务器在云端提供各类服务,这些事情不要说一个学校了,就是一个地区的教育系统都很难实现。所以,在人工智能全面融入教育领域的发展阶段,必然有不少有质量的教育平台为学生的个性化学习、为学校的结构变革提供技术支撑,服务商会为此汇聚大量教育领域的专业人士——脑科学、心理学、统计学、数据研究和分析领域的专业人士,来保障平台的正常运行以及高质量的服务。

这意味着学生的学习不再仅仅是学校和教师的事情了,有相当多的课程资源可以引用平台上优秀的慕课课程,而且每门学科会有各种不同的课程可以选择,学校只需要提供评价的标准,保证学生顺利达标。学生的学习数据采集和个性化学习特征的画像,可以外包给平台服务商来完成,学生的各种学习数据都汇聚在他们那里,有专业的分析队伍来处理,学校只需要对他们提要求,让他们按照要求给出每个学生的个性化报告……未来学校的管理者将会在购买服务、评估服务、遴选供应商和管理供应商的业务上投入越来越多的精力,教育服务的专业化将让教育外包走向常态化。

专业平台和服务商在提供专业服务的过程中,会邀请社会各界共同参与,分析教育中发生的各种现象,研究学生成长的动态机制和规律,这也有助于促进"让全社会都来关心教育"这一愿景的实现。当社会各界、专业教育研究机构、社区和家庭都来关心教育的发展,努力形成协作共生的教育共同体的时候,教育的春天真的就到来了。

学习编程

语言是人类最重要的交际工具，是人们进行沟通的主要表达方式，人们借助语言保存和传递人类文明的成果。编程是一种技术语言，要想融入智能革命，要在人工智能与教育深度融合发展的过程中有自己的声音，必须学习编程。

✱ 国家对编程的重视

近些年来，世界各国都将发展人工智能作为提升国家竞争力的重大战略，出台了各种相关的政策。我国也不例外，除了聚焦科技创新等重点发展领域外，还非常重视编程课程的普及和推广。

2017年，国务院发布《新一代人工智能发展规划》，明确指出要利用智能技术加快推动人才培养模式、教学方法改革，构建包含智能学习、交互式学习的新型教育体系。开展智能校园建设，推动人工智能在教学、管理、资源建设等全流程应用。开发立体综合教学场、基于大数据智能的在线学习教育平台。开发智能教育助理，建立智能、快速、全面的教育分析系统。建立以学习者为中心的教育环境，提供精准推送的教育服务，实现日常教育和终身教育定制化。

2018年，教育部印发《教育信息化2.0行动计划》，提出要以人工智能、大数据、物联网等新兴技术为基础，依托各类智能设备及网络，积极开展智慧教育创新研究和示范，推动新技术支持下教育的模式变革和生态重构。要完善课程方案和课程标准，充实适应信息时代、智能时代发展需要的人工智能和编程课程内容。

2019年1月，教育部在中小学人工智能教育项目发布会上明确：北京、广州、深圳、武汉、西安5个城市作为第一批试点落地城市，三至八年级的学生将全面试点学习人工智能与编程的课程。在教育部印发的《2019年教育信息化和网络安全工作要点》中，也明确提出2019年启动中小学生信息素养测评，并推动在中小学阶段设置人工智能相关课程，逐步推广编程教育；同时，推动大数据、虚拟现实、人工智能等新技术在教育教学中深入应用。

在国家和教育部的大力推动下，各省市教育部门也纷纷出台相关举措，将人工智能和编程教育纳入学校的课程体系之中，有的省份已经落实在考试评价中。

✱ 编程概述

编定程序，简称编程，是指让计算机代为解决某个问题，对某个计算体系规定一定的运算方式，使计算体系按照该计算方式运行，并最终得到相应结果的过程。

计算机虽然功能十分强大，可以上网、玩游戏、写文章、做各种各样的管理等，但是如果没有程序，它就等于是一堆废铁，不会理会我们对它下达的"命令"。我们只能通过程序让计算机为我们"效劳"，而这个程序就是我们"编"出来的。程序是各种指令的集合，它告诉计算机如何执行具体的任务，是我们和计算机沟通的唯一方式。我们写出程序后，会由特殊的软件将程序解释或翻译成计算机能够识别的"计算机语言"，然后计算机就可以"听得懂"，并会按照我们的吩咐去做事了。

程序不同，对应的语言就不一样，所以计算机的语言也是多种多样的。但大体来说，可以分为三大类，即机器语言、汇编语言和高级语言。机器语言是用二进制代码表示的机器能直接识别的程序语言或指令代码，是最低级的语言。它最大的问题就是不便于阅读、难以记忆。举个例子来说，如果要求在电脑屏幕上输出hello world，用二进制代码就要输入一堆指令。不仅非常麻烦，还很容易出错。如果让你用这样的方式写一篇 2000 字的文章，估计你要疯掉了。汇编语言的实质和机器语言是相同的，都是直接对硬件操作，只不过指令采用了英文缩写的标识符，更容易识别和记忆。比如，用 ADD 代表数字逻辑上的加法，MOV 代表数据传递等。汇编程序的每一句指令只能对应实际操作过程中的一个很细微的动作，例如移动、自增，因此汇编源程序一般比较冗长、复杂、容易出错，而且使用汇编语言编程需要有更多的计算机专业知识。但汇编语言的优点也是显而易见的，人们很容易去阅读已经完成的程序或者理解程序正在执行的功能，对现有程序的修复以及运营维护都变得更加简单方便。高级语言是目前绝大多数编程者的选择。它将许多相关的机器指令合成为单条指令，去掉了与具体操作有关但与完成工作无关的细节，因此大大简化了程序中的指令，编程者不需要具备太多的专业知识就可以实现。目前流行的 Java、Delphi 等，都是高级语言。

在大、中、小学学习编程，核心不在于学习那些代码、那些指令，关键是一种思维方式。我们在学习和工作中遇到了一个问题，觉得计算机可以帮助我们解决，经过思考之后，将解决问题的思路用计算机能理解的方式表达出来，然后交由计算机来处理，这就是编程的过程。其中有三个关键词：问题、思考、表达。很多时候，我们太关注表达，反而把问题和思考给忽视了。要知道，那些真正的编程大师在分析和解决问题的过程中，问题和思考所占的比重是最高的，写代码所占的比重比较低。一些顶级的大型系统架构师、顶层的算法科学家，甚至可能一行代码都不需要写。

✱ 学习编程的意义

比尔·盖茨（Bill Gates）说："学习编写程序能拓展你的思维，能帮助你更好地进行思考，并训练出一种思维方式，我认为这种思维方式在任何领域都有用。"① 编程作为一种重要的技术语言,有助于学生找到一种在未来社会中适合自己学习以及生活的方式。编程技能将会成为每个人必备的基本技能,是提高在未来社会中就业竞争力的关键。

编程是一个人在数字时代必备的素养。人在编程的时候,其实就是在理解并摆弄他们居住的数字世界。在未来世界,人们对技术的依赖会越来越强,每个生活在技术世界的人,都不应该仅仅是被动地使用这些技术,而应该主动去理解和控制它。编程使技术看起来更像是"魔法",是让人们真正理解并控制技术的逻辑和科学。

编程有助于学生思维能力的培养。在写代码的过程中,要不断思考如何让流程更顺畅,要不断解决编写过程中遇到的各种问题,这在很大程度上能培养学生的逻辑思维能力和批判性思维能力。在编程的过程中,要学会如何与电脑对话、如何运用抽象思维对事物进行形象表达,有助于培养学生的视觉化思维并训练他们的编程思维能力。编程的过程要融合数学、物理和英语等多门科学的知识,有助于学科知识的融会贯通,提升学生整合信息、综合思维的能力。教育的目的主要是教会学生如何思考,编程在这方面具有独特优势。

编程有助于培养学生的自信心、耐心与专注力。很多人认为编程很难,但如果你真的深入进去,就会发现情况并不是这样的。学生每完成一项编程任务,都能极大地提升他们的自信心,而自信心能够提升学习动机,鼓励他们去学习任何领域的知识和技能,并争取获得成功。在编程过程中,学生需要运用大量语言和代码,稍有不慎就会出现错误;学生需要多次尝试,仔细观察,找出问题所在,并努力解决。

---

① 库奇,汤,栗浩洋.学习的升级[M].徐烨华,译.杭州:浙江人民出版社,2019:153.

这对培养学生的专注力、耐心和毅力是非常有帮助的，有助于学生集中精力去完成各项学习任务。

编程还有很多价值，比如说，培养学生动手操作的能力、团队合作的能力，等等。编程的学习要从小开始培养，无论学生将来从事什么样的职业，他在编程中锻炼的思维方式和各种能力都将使他受益良多。

让深度学习真正发生

深度学习的概念源于人工神经网络的研究。近些年来,这一概念被引入教育领域,成为助推教育改革的一个抓手。美国教育界掀起的深度学习运动,引起了不少国家教育领域人士的关注。深度学习包含了对核心学术内容更深刻的理解,将知识应用于新问题和新情况的能力以及与人类互动和自我管理相关的一系列能力,是落实核心素养培育的重要载体。

人工智能与深度学习

人工智能自萌发到现在,始终是两大流派相互抗争和发展的过程。一派秉持自上而下的观点,由人类首先给出符号、规则和方法,让机器通过学习具有人的理性思考能力。就好像告诉孩子这是一个杯子,然后让孩子知道其他类似装水的容器可能都叫杯子一样。另一派则是由内而外的,他们认为机器可以学习大脑的原理,靠机器的神经网络算法来理解事物,继而机器便可以具有人类的智能。后者的思想往往被称为联结主义。在人工智能的发展过程中,有些时间前一派的理论和实践占上风,另外一些时间则是联结主义占上风。2010年以来,以阿尔法狗在围棋领域独领风骚以及语音识别等为标志的神经网络学习获得了飞速发展,扫地机器人、智能助手、自动导航和人脸识别等建立在深度学习基础上的人工智能产品在生活中的普遍应用,让人们看到机器模仿人脑思维和工作的强大力量。

深度学习是一种机器学习,其学习方式有点儿类似于幼儿识字。拿出一张张识字的卡片,让孩子从简单到复杂,反复去看,并告诉孩子这个字读什么,时间长了孩子就会辨认出来了。机器学习也是如此,只不过它比幼儿识字要快很多,一次性地给它提供成千上万张图片,让其识别图片上的文字、人脸等,反复训练的次数越多,机器识别就越精确。如果给的图像比较复杂,其中包含了比较多的要素,那就将不同的要素分成不同的层,每一层负责分辨其中的一个要素,层与层之间有内在的逻辑关联,机器将每一个要素辨识得越是精准,整体的精准度就越会大大提升,这样构成的多层感知器就是一种深度学习结构。比如说,我们给机器一个道路交通用的停止标志牌,这里面就包含了多方面的信息。机器在对这个标志牌检查的时候,可能会涉及以下的分解要素:八边形的外形、消防车般的红颜色、鲜明突出的字母、交通标志的典型尺寸、静止不动的运动特性,等等。神经网络的每一层都会对要辨析的任务进行确定,然后将信息继续传给下一层,各层辨析完成之后,系统会对每一层的工作给一个权重,然后加权得出结论,判断它到底是不是一个停止标志牌。

深度学习中,神经网络的工作原理是受我们大脑的生理结构——互相交叉相连的神经元的启发而设计的。当然,它和大脑中神经元的工作还是存在一定差距的。在大脑中,一个神经元可以与一定距离内的任意神经元相连接,但机器中的人工神经网络具有离散的分层结构,连接和数据传播都是有特定方向的。

深度学习运动

美国率先将人工智能中深度学习的理念借鉴到教育领域,并加以积极推广，加强学生在知识、技能、批判性思维以及获得学习方法的能力等方面的深度学习。

美国卓越教育联盟在 2011 年发布的报告中对深度学习给出了如下定义：以创新方式向学生传递丰富的核心学习内容，引导学生有效学习并能将其所学付诸应用，强调将标准化测试与掌握沟通、协作、自主学习等能力相连接的一种学习方式。威廉和弗洛拉·休利特基金会（The William and Flora Hewlett Foundation）对深度学习做了如下的界定和解读：深度学习是胜任 21 世纪工作和公民生活必须具备的能力，主要包括掌握核心学科知识、批判性思维及问题解决能力、合作、有效沟通、自我导向的学习、学习心志六个维度的基本能力。美国研究委员会则将深度学习的本质归纳为"个体能够将其在一个情境中的所学运用于新情境的过程，即迁移"。

美国教育心理学家理查德·迈耶（Richard Meyer）于 2011 年提出，深度学习的过程包括建立事实、概念、程序、策略、信念五类知识的相关网络，使用合理的教学手段促进学生的知识迁移。事实是指对事物元素、特性或关系的陈述；概念是指分类、模式、模型或原理；程序是指分步骤的工作程序；策略是指综合的实施方法；信念是指对个人学习的信念。

目前，美国教育界正在联合进行深度学习实践，来自 41 个州的 500 多所学校，组建了"深度学习联盟"，总共服务超过 22.7 万名学生，其中大多数是低收入家庭学生。各学校通过创建动态的学习环境，帮助学生深入理解学习的核心内容，改善学业成绩。同时，利用这些知识引领学生开展批判性思维、进行有效沟通和自我反思，以达到解决问题的目的。①

我国从 2014 年起在基础教育领域探索深度学习。郭华在《深度学习及其意义》一文中对此进行了综述。2014 年，教育部基础教育课程教材发展中心在全国多个实验区开展了"'深度学习'教学改进"项目研究，努力在自觉的教育实验活动中探索教学规律，促进学生核心素养的发展，使教学活动真正成为培养人的理智活动，成为能够回应时代和社会发展要求的社会实践活动。

该项目组对深度学习的界定是：深度学习是教学中的学生学习而不是一般的学习者的自学，必须有教师的引导和帮助；深度学习的内容是具有挑战性的人类已有的认识成果；深度学习是学生感知觉、思维、情感、意志、价值观全面参与、全身心投入的活动；深度学习的目的指向具体的、社会的人的全面发展，是形成学生核心素养的基本途径。

项目组还总结了深度学习的五个特征。一是联想与结构。要求通过调动以往的经验来参与当下的学习，又要将当下的学习内容与已有的经验建立结构性的关联，从而使知识转化为与学生个体有关联的、能够操作和思考的内容。二是活动与体验。这是深度学习的核心特征。让学生简约地、模拟地"经历"人类发现（发明）知识的关键环节，通过自己的活动将符号化的知识"打开"，将静态的知识"激活"，全身心地体验知识本身蕴含的丰富复杂的内涵与意义。这种让学生主动"探索""发现""经历"知识形成的过程，便是学生深度学习的机制。三是本质与变式。把握事物本质的过程，便是去除非本质属性的干扰，分辨出本质与非本质属性区别的过程，更是对学习内容（学习对象）进行

---

① 王世赞. 走近美国基础教育的深度学习 [N]. 中国教师报，2019-04-24 (3).

深度加工的过程。把握了本质，才能认识本质的多样表现、各种变化，才能举一反三，闻一知十。四是迁移与应用。迁移是经验的扩展与提升，应用是将内化了的知识外显化、操作化的过程，也是将间接经验直接化、将符号转为实体、从抽象到具体的过程，是知识活化的标志，也是学生学习成果的体现。五是价值与评价。要使学生养成这样的品质与意识：既承认"知识的力量"，肯定知识的正面价值，又要警惕知识可能带来的束缚与奴役；既要积极主动地将外在知识内化于己，又能持客观冷静的态度，与知识保持一定的距离；既要主动展开学习的过程，又要对学习活动展开的过程以及方式持有批判反思的态度。[①]

深度学习的方法

无论是发端于美国的深度学习运动，还是我国在基础教育对深度学习的探索与实践，无不在提醒我们，强调知识的主动建构，重视知识的迁移运用，立足于真实问题的解决，培养学生的核心素养，是当今教育改革的热点和方向。而深度学习为将这些要求落到实处提供了可以借鉴的实践路径。

在践行深度学习的过程中，把握学习方法最为关键。这一学习方法至少包括以下四个要点。

✱ 让学习发生在最近发展区内

儿童游戏跷跷板大家都很熟悉，但你是否注意到这个游戏背后的

---

① 郭华. 深度学习及其意义 [J]. 课程·教材·教法，2016（11）：25-32.

杠杆原理的学习有什么特点呢？在幼儿园阶段，学生主要通过压跷跷板来获得对杠杆的直接体验；到了小学，则要尝试用画图和简单的算术理解杠杆；到了初中，可以通过实验和简单公式来实证和运用杠杆原理；到了高中，需要学习力矩的概念，运用代数方程证明杠杆原理，并通过师生讨论、分析材料等，用杠杆原理来解决实际问题；到了大学，则要通过微分方程来论证杠杆原理。

这里面有两个问题需要引起我们的注意。第一，为什么在不同学段都要研究杠杆原理？这是因为，转动是自然界的一种基本运动形式。杠杆绕某一固定点的转动，就是人们对这一运动模型的抽象和概念化。学好这一知识是正确认识世界、认识自然的基础。第二，为什么对这一知识点的学习不一次性完成，而要分散在所有学段进行呢？这就与最近发展区理论相关了。学生在成长过程中，始终会遇到转动这样的问题，有学习相关知识的内在需求，但由于学生受不同学段的认识水平、思维水平的限制，他们不能掌握那些超出他们能力范围之外的知识，所以需要分步实施教学。每个阶段解决一些问题，让他们的认识提升一步，直到他们能自主地处理与之相关的各类问题。

要让学习发生在最近发展区内，核心是教师要研究学生。教师要知道学生目前的学习状态如何，已经有了哪些与将要学习的知识相关的前概念；了解这些前概念中哪些是正确的，哪些是违反科学规律的；了解学生对哪些问题已经有能力独立解决，不需要教师再指导；了解学生可以达到的最大潜能在哪里；等等。在此基础上，确定学生的最近发展区。每个学生的最近发展区是不一样的，教师还需要有共性的分析和个性的把握。过去，做这样的事情太复杂，对教师的要求也太高，现在有了人工智能的智能助手和自适应学习系统，可以帮助教师快速做出分析判断。当然，教师自己设计课前前测工具的质量也是至关重要的。

✻ 明晰解决问题的基本思路

有一个孩子每次做数学测试的时候,填空题、选择题都能得满分,但应用题总会被扣掉几分。数学老师对班主任说:"这个孩子学习有点儿粗心。"班主任对家长说:"您的孩子在学习上有点儿粗心,您要多提醒一下。"家长责怪孩子说:"你怎么总是这么粗心呢?"孩子委屈地说:"我考试的时候全神贯注,怎么可能会粗心呢?"你看,闹了一圈,除了把各方的心态都搞坏了之外,什么事情也没有解决。

这个学生做应用题为什么经常被扣分呢?其中一个可能的原因出在数学老师身上。在数学课上,老师可能给学生讲授过解决某类应用题的基本思路,但他以为讲过了学生应该就会了,没有注意要求学生反复训练,让学生形成基本的思考习惯。由于教学任务紧张,在后续的教学中,老师经常会口头讲解类似的应用问题,但板书的时候这些解题的程序是不完整的,经常是跳跃的、凌乱的。而学生学习中的记忆,以视觉信息为主,老师板书在黑板上的那些内容他们记得最牢。结果,他们的思维也跟着老师跳跃了起来。

从长远的教学效益看,解决问题的思路要比最后的结果重要得多。遇到一个问题,如果思维的大方向是对的,即便在过程中出现一点儿偏差,也无关大局,不会影响最后结果;反过来,如果解决问题的思路不清,分析和探究的过程走偏了,即便自己再细心努力,也不会得到想要的结果。

无论是思维能力训练,还是学生的素养培育,都是建立在牢固可靠的基础之上的,分析和解决问题的基本思路就是其中的基础之一,学生将这些基础夯实了,在灵活运用知识解决实际问题的过程中才能如鱼得水,灵活自如。

✳ 及时反馈

学生为什么玩游戏的兴致比学习要高很多,一个很重要的原因就是玩游戏能够得到及时反馈。每一次冲关成功,都会有分数、升级等各种类型的反馈让人感受成就;每一次做高难度的动作,都会带来设施设备的更新换代……这种快速的、及时的反馈,加上一次次的反复训练,最能培养直觉,让其做出即时判断。学习最需要的也是这样的及时反馈,特别是在出现错误的情况下。教师依据学生对错误比较敏感的心理状态,及时给予反馈,学生就会不断调适自己、反复训练,直到改正为止。如果学生的学习得不到反馈,或者得不到及时的反馈,这样的学习是没有多大意义的。在学生对所学知识知之甚多的大背景下,给学生提供及时的学习反馈,正是教师的价值所在。

要让学生得到有效的反馈,需要注意以下几点。

第一,反馈要关注目标的一致性。每节课都有教学目标,同时也有学生的学习目标,以及评价学习是否达到预期效果的评价目标。教学反馈关注当前的学习状态与目标状态之间的比较,从比较中看到学生的优势或问题所在,并给予学生及时的反馈。当目标具体且具有挑战性,而学习任务复杂程度不是很高的情况下,反馈最有效。第二,反馈越及时效果越好。间隔太长的时间往往会使反馈失去应有的作用。第三,和分数相比,描述性的反馈更能激励学生。分数、等级,是最常用的反馈,但这些反馈往往不能向学生提供关于问题所在和下一步行动的清晰信息。描述越是具体,对学生做描述性反馈时越是善于运用学生熟悉的词汇来保证学生能理解,反馈的效果就越好。

✳ 保持专注

深度学习能力并不是与生俱来的,需要通过刻意训练来提升自己的专注力。刻意训练需要把握一些要素。首先,你的注意力要全情投入某个你希望提升的技能或要掌握的概念上，或者是当下的一项重点任务上。其次，要努力克制自己的一些欲望。欲望并不是什么例外之事，而是生活常态。人类最常见的欲望包括吃饭、睡觉、性行为，还有从繁重工作中获得休息的欲望。这种休息包括查阅邮件和社交网站、网上冲浪、听音乐或看电视等。再次，通过反馈来调整自己的方法。刻意训练是否有效，需要及时进行评估，做出反馈，以便根据实际情况做出调整。

深度学习是一种高度专注性的学习状态，在身心方面的消耗都非常大，所以学生全天始终处于深度学习的状态是不现实的。学校在课程设置上，一方面要注意不同课程之间学习要求、学生投入状态上的差异，尽可能做到劳逸结合、张弛有度；另一方面要打破现有的每节课课时固定的现状，践行长短课相结合的弹性课时制度。像写作、实验等需要学生在较长时间内保持专注的学习内容，就通过安排长课时来予以满足。保持专注是通过一项项具体的学习任务逐渐培养出来的，学校的主动作为非常重要。

后　记

到了这里,本书讨论的内容基本上告一段落了。

当然,这样的讨论仅仅涉及核心素养的部分内容,在具体践行、落实核心素养培育的过程中,还有不少问题是需要我们注意并深思的。

比如说,支撑课程改革的理论需要完善。2000年前后的第八次课程教学改革,在顶层设计上有比较多的课程和教学理论予以支撑,比如课程统整、经验课程、多元智能、建构主义、校本课程发展等。这些理论在和课程改革嫁接之前,已经有相当多的专家做了长时间的研究,得出的结论在一定程度上被学界认可,能够给课程教学改革提供有力的支撑。相比之下,核心素养框架的研究与课程改革,虽然有大规模的数据分析结果作为支撑(比如 PISA 测试的分析报告),遵循了"证据为本"的原则,但总体上理论基础仍然比较薄弱,也难以给人以启迪。特别是很多外显的证据,并不能反映出人的心灵建设和人性的磨砺,有很多内隐的、难以评估的、不可评估的内容,或许正是人的核心素养的重要组成部分。

比如说,提出核心素养概念的初衷需要再审视。很多学者称核心素养是课程的 DNA,如果这个说法成立,那么 OECD 就是核心素养的母体了,因为核心素养的概念就是由该组织率先提出来的。从名字就可以知道,该组织是一个经济组织,它不是从教育的立场,而是从作为经济发展工具的立场来看待教育的,由此就可以理解该组织为什么把"找到工作、跟上技术变化的能力"作为核心素养的基础。我们不能否认核心素养对教育改革的重大推动作用,但其存在的问题也需要警惕。比如说,核心素养的职业味道比较浓厚,而普通教育的使命和职业教育还是有差异的;在核心素养的论证中,未来的人和社会之间主要是一种对立关系,这样的描述是不够准确的;核心素养描绘的"成功生活""运行良好的社会",是大家追求的目标,但这样的目标语焉不详,人们很难理解"成功""良好"究竟意味着什么;等等。

比如说,核心素养的践行需要再思考。第一,有了总的核心素养的框架后,是否还应该有"学科核心素养",这就需要再斟酌,再讨论。如果到处都是"核心",是否会冲淡原本应该突出的核心?第二,教育的改革创新是必需的,但传承和守正也是必不可少的。不要因为推进核心素养,就放弃了此前课程教学改革取得的系列成果;不要因为强调核心素养,就忽视了应该培育学生的基础素养,或者将基础素养强行拉到核心素养这个"筐"里来。第三,要在个性的培育和共同的要求之间达到某种平衡。就如同加德纳的多元智能理论告诉我们的,个体的智能发展是各不相同的,核心素养的培育也应该是开放的,不应该构建起一个封闭的系统,让所有的学生都达到这些共同要求。如果这样做,很有可能就又变成用一把尺子去衡量学生了。第四,历次课程教学改革的经验告诉我们,自上而下的理念引领和改革推进很重要，但自下而上的基层实践和积极探索更为关键。几乎所有的改革经验，都是建立在基层积极有为的实践基础之上的。素养的来源非常复杂，素养的培育路径也不应该是单一的，应该多元化实施，多条腿走路，把各方的积极性都充分调动和发挥出来。

…………

因为 PISA 测试，我开始关注核心素养的培育这个话题。上海率先参加 PISA 测试，让我可以看着身边成长中的学生，更加真切地思考什么是核心素养、为什么要培养核心素养、如何培养核心素养等问题。国家层面启动核心素养的研究之后，我也时刻关注相关的研究和工作推进状态，不断收集相关资料，丰富我对这些问题的思考与看法。

2017 年，源创图书的创始人吴法源先生和我联系，希望我能就核心素养这个话题写一本书。虽然我已经就这个问题阅读了很多文章，看了一些专著和论述，但觉得还是比较难以把握这样一个当前教育领域的热点话题，所以我没有立即动笔，而是继续进行更加广泛的阅读，有意识地收集相关资料，并不断地撰写一些文章。这样慢慢积累到 2019 年下半年，写作思路基本清晰，相关资料也基本齐备，这本书的写作才正式启动。

调动到上海市教育考试院工作之后，因为很多考试都安排在周末，所以周末加班成了常态。原本考虑 2020 年春节期间带着爱人和孩子外出走走，弥补平时较少时间在家的缺憾，没想到正好遇到疫情，原来的出行计划全部泡了汤。不过，这也给了我一段难得可以自由支配的时间，让我能够集中精力将这本书稿写完，要不然，我估计又要拖很久才能完成任务。

感谢吴法源先生始终不断的鼓励，尽管书稿一拖再拖，他始终很有耐心，也给了我很多期待，让我不敢食言。感谢这些年在核心素养培养方面做出了诸多研究的各方面专家、学者和一线教师，他们的理论思考和实践经验给了我很多启发，我从他们那里汲取了丰富的养料和经验。这本书中尽管罗列了部分引用的报刊、图书的名单，但其中肯定还有不少疏漏，敬希大家谅解。书中有一些资料，源自我此前出版的专著，如《课题型课程的探索》《读书是教师最好的修行》《物理教师的备课与上课》《给教师的5把钥匙》《让教育更明亮》等，限于篇幅，书中没有注明出处，在此一并说明。

本书到这里结束了，但全力推进核心素养培育的教育实践才刚刚开始。我们正在一起努力，迈向个性化的大众化教育的新阶段。

我们一道携手同行吧！